W0473705

FALKEN FARBIG

Margrit Gutta

Kalte Platten – Kalte Büfetts

FALKEN VERLAG

Von Margrit Gutta sind in gleicher Aufmachung außerdem erschienen: „Desserts“, „Französisch kochen“, „Geflügel“, „Italienische Küche“, „Kleingebäck“ und „Wildgerichte“.

Abkürzungen:

KL = Kaffeelöffel
EL = Eßlöffel
Msp. = Messerspitze
Ds. = Dose
kl. = klein
Bt. = Beutel
Bd. = Bund (z. B. Schnittlauch)

Die Mengenangaben sind – wenn nicht anders angegeben – für 4 Portionen.

CIP-Kurztitelaufnahme der Deutschen Bibliothek

Gutta, Margrit:
Kalte Platten – kalte Büfetts / M. Gutta. – Nachaufl. – Niedernhausen/Ts.: Falken-Verlag, 1982.
(Falken farbig)
ISBN 3-8068-5015-1

ISBN 3 8068 5015 1

© 1975/1982 by Falken-Verlag GmbH, 6272 Niedernhausen/Ts.
Alle Rechte vorbehalten
Fotos: Christian Teubner, Jahreszeiten, Gruner+Jahr
Satz: GBR für Satztechnik, Wiesbaden
Druck: VOD, Heidelberg

151 413 121 11

Inhalt

Kalte Gerichte

Immer wieder bewährt sich die Kalte Küche; denn ob bei alltäglichen Mahlzeiten am Familientisch oder bei kleinen und größeren Festen, immer hat die Hausfrau die Möglichkeit, kalte Gerichte und kalte Platten zu servieren.
Viele Gerichte der Kalten Küche können sehr schnell zubereitet werden und alle können im voraus fertiggestellt werden. Ob gleich oder später gegessen wird, ist nicht so entscheidend wie bei warmen Gerichten.
Das sind Vorteile, die von der modernen, im Berufsleben stehenden Hausfrau hoch eingeschätzt werden.
Ohne Mühe lassen sich aus dem großen Angebot der vorgefertigten Nahrungsmittel leckere Speisen zubereiten. Vieles braucht nur wenig verändert, zusammengestellt oder einfach nur angerichtet und garniert zu werden. Aber . . .

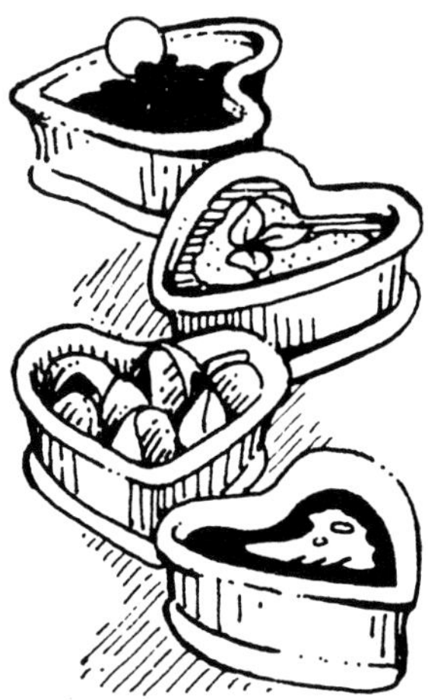

„Auf das Garnieren kommt es an!"

Denn nur durch den optischen Reiz wird bei einem kalten Gericht der Appetit geweckt. Und keine Speise ist so beschaffen, daß sie nicht noch durch eine Garnierung verschönert werden könnte. Wir wissen aus Erfahrung, daß etwas Petersiliengrün oder das kräftige Rot einer Tomate einer sonst fade aussehenden Speise erst Farbe geben.
Zum hübschen Garnieren braucht man wenig, außer etwas Geduld, Zeit und Phantasie. Zeit sollte man sich nehmen; denn es ist einer kalten Platte, einem Salat oder einer Nachspeise anzusehen, wenn zum Anrichten keine Zeit war; und zum Garnieren ist alles geeignet, was eßbar, farbenfroh und frisch aussieht.
Die Garnitur auf einer Speise sollte dezent gehalten sein, sich nicht zu sehr vordrängen; sie soll sich farblich abheben und den Eigengeschmack des Gerichtes unterstreichen.
Zum Garnieren werden wenig Hilfsmittel benötigt. Dazu gehören ein scharfes Küchen- und Fleischmesser, ein Buntmesser zum dekorativen Schneiden von Gemüse, Butter und Käse, ein Teigrädchen und ein Gemüsebohrer. Dieser ist auch zum Ausstechen von Obst- und Butterkugeln geeignet.
Weitere wertvolle Hilfe leisten ein Eierschneider, kleine Ausstechförmchen und ein Spritzbeutel mit verschiedenen Tüllen.
Einige Anregungen für Garnituren finden Sie auf dem Bild – aber lassen Sie die Phantasie noch etwas mehr spazierengehen, denn garnieren macht Spaß!
. . . Und das sollte zum Schluß noch gesagt werden, man kann ein schlecht gewürztes Gericht nicht durch eine besonders üppige Garnitur retten – aber ein köstliches durch die passende Garnierung für Augen und Gaumen gleichermaßen zum Genuß werden lassen!

Kalte Suppen und Kaltschalen

In der heißen Jahreszeit fehlt bekanntlich oft der Appetit für ein umfangreiches Menü; man beschränkt sich lieber auf erfrischende und leichtverdauliche Speisen.
So ist es eigentlich auch nicht verwunderlich, daß man zur Erfrischung und Appetitanregung vor der eigentlichen Mahlzeit gerne eine kalte Suppe, eine pikante oder fruchtige Kaltschale reicht, nicht zuletzt, weil dadurch der erhöhte Flüssigkeits- und Kochsalzbedarf an heißen Tagen besser gedeckt wird. Außerdem werden die gelösten Mineralstoffe und Vitamine dieser Suppen vom Körper schnell aufgenommen und mildern die Müdigkeit. Der Appetitmangel verschwindet dabei rasch, probieren Sie es selbst aus!

Himbeersuppe (Bild)

1 Flasche (700 ml) milden Weißwein, 100 g Zucker, 1 geh. EL Speisestärke, 2 Zitronen (naturreine), 1–2 Likörgläser Himbeergeist, 400 g Himbeeren (oder 1 Paket tiefgefrorene)

Die Speisestärke mit 3–4 EL Wein anrühren, den restlichen Wein mit dem Zucker zum Kochen bringen und mit der Speisestärke binden. Die gewaschenen Zitronen hauchdünn schälen, die Schalen in die Weinsuppe geben und diese kaltstellen. Die gewaschenen oder tiefgefrorenen Himbeeren mit dem Himbeergeist in die Suppe geben und mit durchziehen lassen.
Wenn Sie diese Suppe servieren, verzichtet man am besten auf den Aperitif vor dem Essen, denn diese Suppe macht sicher etwas fröhlich!
Tip: für Kinder Himbeersuppe mit Apfelsaft zubereiten!

Gazpacho (spanische Spezialität) (Bild)

500 g Tomaten, 1 Salatgurke, 5 Zwiebeln, 2 grüne Paprikaschoten, 2 Knoblauchzehen, 100 g Paniermehl, 3/8 l Wasser, 1/8 l Rotwein, 2 EL Kräuteressig, 2 EL Öl, 1 kl. Ds. Tomatenmark (oder 2 EL), 1 KL Salz, 1–2 KL würzflüssigen Pfeffer, 2–4 Scheiben Weißbrot, 20–30 g Butter (Margarine), 1 Becher Joghurt (saure Sahne)

Die Tomaten mit kochendem Wasser überbrühen und abziehen. Ein Viertel der Gurke abschneiden, in feine Würfel schneiden, in ein Schälchen geben und mit Folie abdecken. Die übrige Gurke schälen und in große Stücke schneiden, die Zwiebeln schälen und 3 davon grobschneiden, die anderen beiden feinwürfeln und in einem Schälchen zur Seite stellen.
Von den Paprikaschoten das Kerngehäuse entfernen, die Paprika waschen, eine grobschneiden, die andere in feine Würfel schneiden und abgedeckt beiseite stellen.
Die grobgeschnittenen Zutaten mit den Knoblauchzehen in den Mixer geben und pürieren. Das Paniermehl zufügen und bei Schalt-

stufe 1 langsam das Wasser, Rotwein, Essig, Öl und Tomatenmark untermixen. Mit Salz und Pfeffer abschmecken, in eine Schüssel (Terrine) füllen und kaltstellen.
Die Weißbrotscheiben in Würfel schneiden, in der Butter goldbraun rösten und wie die anderen kleingeschnittenen Zutaten in Schälchen anrichten.
Falls die Gazpacho nicht kalt genug ist, können Sie vor dem Servieren einige Eiswürfel hineingeben.
Es füllt sich jeder etwas von der gut abgeschmeckten Suppe in seinen Teller und gibt obenauf die kleinen Gurken-, Zwiebel-, Paprika- und Brotwürfel. Wer es mag, verrührt noch etwas Joghurt (oder saure Sahne) in der Suppe.

Gemüse-Kaltschale

1 kl. Ds. Sellerie (220 g), 1 (2/3) Ds. Tomatensaft, 1/4 l Milch, 1/2 KL Salz (oder Selleriesalz), 1–2 KL würzflüssigen Pfeffer, 1 KL Kapern, 1 grüne und 1 rote Paprikaschote, 1 Bd. Dill

Die Sellerieschеiben aus der Dose nehmen und in feine Würfel schneiden. In einer Suppenterrine Selleriewasser, Tomatensaft und Milch mit den Gewürzen gut verrühren.
Die Paprikaschoten entfernen, waschen und in kleine Würfel schneiden. Mit den gehackten Kapern, Selleriewürfeln und feingeschnittenem Dill in die Suppe geben. Abschmecken und kaltstellen. Reichen Sie diese erfrischende Gemüse-Kaltschale mit einer Scheibe Vollkornbrot und Butter, eventuell auch einmal abends!

Tomatensuppe „Gärtnerin"

1 Ds. Tomatencreme-Suppe (Konzentrat), Wasser, 1/2 Salatgurke, 2 Tomaten, 1 Bd. Dill, 1 Glas Weißwein, einige Tropfen Tabasco

Das Suppenkonzentrat mit der gleichen Menge Wasser in einem Topf verrühren. Am besten gleich die leere Dose als Meßbecher für das Wasser nehmen, damit die Menge auch stimmt!
Die Suppe einmal aufkochen und wieder abkühlen lassen. Zwischendurch öfters umrühren, damit sich keine Haut bildet. Schneiden Sie die Salatgurke mit der Schale in kleine Würfel, da sie mit Schale besser verdaulich ist. Die Tomaten überbrühen, abziehen und das Kerngehäuse entfernen. Das Tomatenfleisch ebenfalls in kleine Würfel schneiden, den Dill feinhacken. Zusammen mit dem Weißwein in die Suppe geben und eventuell noch mit etwas Tabasco abschmecken.
Tip: für Kinder an Stelle Weißwein ein Glas Apfelsaft nehmen. Es rundet den Geschmack der Suppe lieblich ab!

Kalte Soßen und Dips

Soßen sind die kleinen I-Tüpfelchen der Kochkunst; denn viele Speisen bekommen erst durch sie die rechte Abrundung. Was wären in der Kalten Küche die Salate, Vorspeisen und Cocktails, die Fisch- und Fleischgeräte ohne die dazu passenden Soßen? Geben wir es zu, es wäre oft nichts anderes als ein geschmackliches „Nebeneinander" der verschiedenen Zutaten. Erst die Soße verbindet alles zur harmonischen Einheit und Vollendung.

Einige Tips für die Zubereitung von kalten Soßen:
Die Soßen bei der Zubereitung etwas stärker würzen, da nach dem Abkühlen einige Gewürze nicht mehr so intensiv schmecken.
Sehr feingehackte, noch besser geriebene Zwiebel gibt Soßen einen abgerundeteren Geschmack.
Auch sehr feingehackte Kräuter entfalten ihr Aroma besser, färben Soßen und Dips intensiver.
Mayonnaisen, Remouladen und kalte Soßen werden besonders luftig und schaumig, wenn 1–2 EL steifgeschlagene Sahne untergezogen wird.
Kalte Soßen sollten bis zum Gebrauch mit Alu- oder Sichtfolie abgedeckt und vor dem Servieren noch einmal umgerührt werden.
Soßen dicken meist beim Abkühlen noch erheblich nach. Falls sie zu dick geworden sind, kann man sie je nach Soßenart mit etwas Milch, Kondensmilch oder Sahne, Wein, Zitronensaft oder auch Wasser wieder geschmeidig rühren.
Einen besonders abgerundeten Geschmack erhalten Salatsoßen, wenn die Zutaten kräftig mit dem Schneebesen verrührt werden.

Grüne Soße (Bild, links oben)

1 kl. Gewürzgurke, 1 Bd. Petersilie, 1 Bd. Schnittlauch (oder Dill, Kerbel, Kresse), 1 kl. Zwiebel, 3 EL Öl, 1 EL Essig, 1 Msp. Pfeffer, etwas Salz, 1 Prise Zucker

Die Petersilie und Schnittlauch sehr feinhacken, Gewürzgurke und die geschälte Zwiebel in sehr kleine Würfel schneiden. Öl mit Essig, Pfeffer, Salz und Zucker und den feingehackten Zutaten kräftig verrühren.
Geeignet zum Marinieren von grünen Salaten, Artischocken und gekochten Eiern!

Bananen-Curry-Dip (Bild, oben Mitte)

1 große Banane, 1 EL Curry, 1 Prise Zucker, Zitronensaft

Die geschälte Banane in einem tiefen Teller mit einer Gabel zerdrücken und breiig rühren. Curry, Zucker und etwas Zitronensaft unter den Bananenbrei rühren. In ein Schälchen oder Sauciere füllen.
Wird gerne gereicht zu kaltem Geflügelfleisch, Fisch oder Wurstspießchen!

Feine Kräutersoße (Bild, rechts)

2 EL saure Sahne, 2 EL Mayonnaise, 1 EL Cognac,
2 EL feingehackte Kräuter (z. B. Dill, Kerbel, Borretsch, Kresse),
Salz, etwas Pfeffer und 1 Prise Zucker

Die Soßenzutaten mit einem Schneebesen recht cremig rühren und anrichten.
Kräutersoße paßt zu kaltem, aufgeschnittenem Braten, zu Fisch, zu hartgekochten Eiern, zum Anmachen von pikanten Salaten!

Kalte Soßen und Dips, Rezepte auf den folgenden Seiten, beginnend bei der ‚Grünen Soße' links oben. Die Abbildungen zeigen im Uhrzeigersinn anschließend Bananen-Curry-Dip, Feine Kräutersoße, Indische Soße, Cumberland-Soße, Spanischer Dip, Meerrettich-Soße, Apricot-Soße und Eier-Soße.

Indische Soße (Bild umseitig, rechts Mitte)

1 Apfel, 1 Bt. Mayonnaise, 1 KL Curry, 1 EL Curry-Ketchup, 1 EL Mango-Chutney

Den Apfel mit der Schale reiben und mit den anderen Zutaten verrühren. Mango-Chutney enthält manchmal größere Stücke, diese dann vorher mit einer Gabel zerdrücken. Wer gerne sehr scharfe Soßen mag, kann etwas mehr Curry verwenden oder noch mit Tabasco nachwürzen.
Reichen Sie diese Soße zu gekochtem oder gebratenem Geflügel, zu aufgeschnittenem Kalbsrollbraten oder Schinkenrollen. Auch als Dip beim Fondue beliebt!

Cumberland-Soße (Bild umseitig, rechts)

1 Glas roter Johannisbeergelee, 2 EL Madeira oder Sherry, 1 KL Senf, 1/2 Orange, Pfeffer und Salz, etwas Rotwein

Den Johannisbeergelee in eine Schüssel geben und mit einem Schneebesen flüssig rühren, Madeira, Senf und den Saft der Orange unterrühren. Mit Pfeffer, Salz und 1–2 EL Rotwein abschmecken.
Die Cumberland-Soße wird immer wieder gerne zu kaltem Wildbraten, zu Wildpasteten und gekochtem Rindfleisch gereicht.

Spanischer Dip (Bild umseitig, rechts unten)

1 kl. Zwiebel, 1 eingelegte Paprikschote, 1 Bt. Mayonnaise, 1 EL Chilisoße, 1 EL Tomatenketchup, 1/2 KL scharfen Paprika, etwas Pfeffer und Salz

Die Zwiebel schälen und zusammen mit der Paprikaschote sehr feinhacken. Mit den übrigen Zutaten gut verrühren und pikant abschmecken.
Schmeckt gut zu Cocktailwürstchen, kalten Frikadellen und aufgeschnittenem Kalbsbraten!

Meerrettich-Soße (Bild umseitig, links unten)

1 Bt. Mayonnaise, 2 KL geriebenen Meerrettich, Saft 1/2 Orange, 1 Msp. Zucker, 1 Msp. Salz, 1/2 KL würzflüssige Zwiebel

Die Mayonnaise in einem Schüsselchen mit dem Meerrettich, Orangensaft und den übrigen Zutaten recht cremig rühren und pikant abschmecken.
Wird gerne zu gekochtem Rindfleisch, kaltem Roastbeef und gebratenem Fisch gereicht!

Apricot-Soße (Bild umseitig, links)

6 EL Apricot-Chutney (= Fertigsoße), 4 EL Sahne, 1 Msp. Ingwerpulver, 1 Msp. gemahlene Nelken

Apricot-Chutney ist eine leicht säuerliche Fertigsoße, die durch Sahne und Gewürze noch etwas geschmacklich abgerundet werden kann. Sie sollte vor dem Servieren mindestens 1/2 Stunde kaltgestellt werden.
Eine sehr aparte Soße zu gekochtem Schinken, kaltem Wildbraten, aber auch zum Eindippen von Käsewürfeln!

Eier-Soße (Bild umseitig, links Mitte)

2 hartgekochte Eier, 4 EL Öl, 2 EL Essig, 1/2 KL Salz, 1/2 KL würzflüssige Zwiebel, 1 Msp. Pfeffer, 1 Bd. Schnittlauch; evtl. 1/2 KL Sardellenpaste

Die hartgekochten Eier schälen, sehr feinhacken. Mit Öl, Essig, Salz, Zwiebelwürze, Pfeffer und dem feingeschnittenen Schnittlauch verrühren.
Sehr gut schmeckt die Soße, wenn noch zusätzlich 1/2 KL sardellenpaste in die Soße gerührt wird.
Eier-Soße nimmt man gerne zu aufgeschnittenem kalten Kalbsbraten, für Artischocken und Tomatensalat!

Apfel-Dip

1/2 Ds. Apfelmus, 1 EL geriebenen Meerrettich, 1 EL Senf, 1/2 KL Salz, 1 Prise Pfeffer, eventuell Zitronensaft

Die Zutaten miteinander verrühren und anrichten – fertig!
Schmeckt zu kalten Koteletts, Schweinebraten und Rinderbrust.

Scampi in Teufelssoße

(Bild)

12 rohe Scampi aus der Tiefkühltruhe, 1/2 l Wasser, 2 EL Kräuteressig, 1/2 KL Salz, 5 Pfefferkörner, 1 kl. Zwiebel, Petersilie

Das Wasser mit Essig, Salz, Pfefferkörnern und der geschälten Zwiebel aufkochen. Die gefrorenen Scampi hineingeben und in ca. 5 Minuten garkochen. Aus den Schalen lösen und erkalten lassen.
Die Scampi auf einer schönen Platte anrichten und mit Petersiliensträußchen garnieren. Die Teufelssoße in einer Sauciere dazu reichen.

Teufelssoße

1 kl. Ds. Tomatenmark, 2 EL Curry-Ketchup, 2 EL Öl, 1–2 EL Zitronensaft, 1/2 KL Curry, 1/2 KL würzflüssigen Pfeffer, 4–6 Tropfen Tabasco, 1 Msp. Zucker

Die Zutaten mit einem Schneebesen gründlich verrühren und die Soße sehr würzig abschmecken. Falls die Soße etwas zu dick ist, noch etwas Wasser oder Cognac unterrühren.
Scampi in Teufelssoße können vorher vorbereitet werden. Als später Imbiß gereicht, ergibt das Rezept 2 Portionen, als Vorspeise bei einem festlichen Abendessen reicht die angegebene Menge für 4 Portionen!

Austern in Avocados

2 Ds. geräucherte japanische Austern (Ds. à 82 g Einwaage), 2 weiche Avocados, 1 Zitrone, 2 Scheiben gekochten Sellerie aus der Ds., 4 EL Sahne, 2 EL Tomatenketchup, 1 KL Worcestersoße, 1 Msp. Salz, 1 Msp. Cayennepfeffer, 1 Msp. Zucker, 1 KL Sherry, Petersilie

Die Austern auf Küchenkrepp abtropfen lassen. Die Avocados der Länge nach halbieren und den Kern herauslösen. Mit einem Kaffeelöffel die Avocados etwas aushöhlen, einen ca. 1/2 cm dicken Rand lassen. Die Austern und Avocados mit Zitronensaft beträufeln. Das Avocadofleisch und Sellerie in kleine Würfel schneiden, mit den Austern mischen.
Aus der Sahne, Tomatenketchup und Würzzutaten eine pikante Soße bereiten und über die Austern geben. Die Avocados und die Austernmischung kaltstellen.
Vor dem Servieren den pikanten Cocktail in die Avocadohälften füllen, mit Petersilie garnieren und auf Glastellerchen anrichten. Toastbrot mit Kräuterbutter, Weiß- oder Rosé-Wein dazu reichen. Austern in Avocados sind für Kenner ein vollendeter Genuß!

Salat „Taiwan“

1 Ds. Sojabohnenkeime, 1/2 Tasse eingelegte Paprikastreifen, 3 EL Öl, 1–2 EL Essig, 2 KL Sojasauce (oder 1 KL Maggi-Würze), 1 Msp. Zucker, 1/2 KL Salz, eventuell etwas Pfeffer, 150 g gekochte Geflügelbrust, Curry-Chutney

Die Sojabohnenkeime auf einem Sieb abtropfen lassen, mit den Paprikastreifen in eine Schüssel geben. Aus Öl, Essig, Sojasauce, Zucker, etwas Salz und Pfeffer eine Marinade rühren, über die Sojakeime geben und gut durchziehen lassen. Auf 4 Glastellerchen verteilen und mit feingewürfelter Geflügelbrust belegen. Jede Portion mit einem Kaffeelöffel Curry-Chutney garnieren. Sehr appetitanregend!

Kleine Vorspeisen

Vorspeisen bilden den beschwingten Auftakt einer Mahlzeit und geben den ersten Eindruck von den noch zu erwartenden Genüssen.
Sie werden serviert, um den Appetit anzuregen und den Magen für die folgenden Speisen munter zu machen.
Kalte oder warme Vorspeisen können schon etwas vom größten Hunger nehmen, sollten aber immer noch genügend Platz für den Hauptgang lassen. Deshalb – und nicht, wie manchmal von bösen Zungen behauptet wird, wegen der Kosten – serviert man sie in kleinen Portionen.
Vorspeisen können natürlich sehr teuer sein, wenn bei einem festlichen Menü geeiste Austern, Kaviar, getrüffelte Gänseleber und ähnliche Delikatessen serviert werden.
Vorspeisen brauchen aber nicht teuer zu sein; denn auch so alltägliche Dinge wie ein gefülltes Ei, hauchdünne Salamischeiben, Ölsardinen, Mixed Pickles oder kleine pikante Salate lassen sich als Vorspeise anrichten.
Ob Sie Vorspeisen als Appetithappen bezeichnen, als Hors-d'oeuvre – wie die Franzosen – oder sie – wie die Italiener – als Antipasto betiteln, bleibt Ihnen überlassen!

Palmenherzen-Cocktail

1 Ds. Palmenherzen (ca. 225 g), 100 g tiefgefrorene oder frische Krabben (Garnelen oder Langusten), 1 Zitrone, 3 EL Mayonnaise (besser schmeckt Knoblauchmayonnaise), 2 EL Madeira, 1 Msp. Cayennepfeffer, 4 Salatblätter

Die Palmenherzen abtropfen lassen und in kleine Stücke schneiden, die Krabben dazugeben und mit dem Saft 1/2 Zitrone beträufeln. Die Mayonnaise mit Madeira und Cayennepfeffer über die Cocktailzutaten geben und alles locker mischen, etwas durchziehen lassen.
Die gewaschenen Salatblätter auf flache Glastellerchen oder in flache Cocktailschälchen legen. Darauf den Palmenherzen-Cocktail anrichten. Jeweils 1 Zitronenscheibe an den Glasrand stecken. Toastbrot und Butter dazu reichen.

Indische Seemuscheln

1 Glas Muschelfleisch naturell (Einwaage ca. 180 g), 1 kl. Ds. Champignons, 1/8 l saure Sahne, 1–2 KL Curry, 1 EL Mayonnaise, etwas Salz, 1 KL Sojasoße, 1 eingelegte Ingwerknolle (in Zuckersirup), 1/2 Banane, 1 Prise Zucker, 4 Tomaten, einige Tropfen würzflüssige Zwiebel, 1 EL Mandelblättchen

Die Muscheln und Champignonscheiben abtropfen lassen. Sahne mit Curry, Mayonnaise, etwas Salz (nach Geschmack!) und Sojasoße verrühren. Die Ingwerknolle in sehr feine Streifen, die geschälte Banane in kleine Würfel schneiden und unter die Soße rühren. Mit Zucker und eventuell etwas Pfeffer abschmecken, die Muscheln und Champignons locker unterheben. Auf 4–6 flache Glastellerchen die in dünne Scheiben geschnittenen Tomaten verteilen und mit flüssiger Zwiebel beträufeln. Die Sahnemuscheln daraufgeben und mit Mandelblättchen bestreuen. Gut gekühlt servieren.
Goldgelber Toast, Butter und Weißwein dazureichen.

Bei Reisen in andere Länder stellt man immer wieder fest, daß es sich auch anderswo als zu Hause gut leben läßt.
In Italien wird fast jede Mahlzeit mit kalten Spezialitäten – Antipasto genannt – eingeleitet.
Daß diese nicht nur als Vorspeise dienen, sondern sich genauso gut für Parties, kleine Feste und zum Kalten Büfett eignen, zeigt die Auswahl auf dem Bild.

Antipasto-Platte (4–6 Portionen)

150 g Mortadella-Wurst, 150 g Parmaschinken, 100 g grobe Salami, 100 g feine Salami, 100 g Gorgonzola-Käse, 100 g Schafskäse, 2 hartgekochte Eier, Petersilie

Auf einer großen Platte werden die Mortadella- und Schinkenscheiben angerichtet, dazu die hauchdünn geschnittenen Salamischeiben gelegt.

Schneiden Sie den Käse in große Würfel oder Stücke und legen Sie ihn mit auf die Platte. Mit Eischeiben und Petersilie garnieren.

Dazu werden nun in kleinen Schälchen angerichtet:
grüne und schwarze Oliven (je 50 g), marinierte Champignons (1/2 Ds. Champignons und Essig-Öl-Marinade), eingelegte Tomatenpaprikaschoten, italienische Mostarda (diese gibt es in Feinkostgeschäften; sie sind im Geschmack unseren Senffrüchten ähnlich), marinierte Artischockenherzen (1 Glas Artischockenherzen, Essig-Öl-Marinade mit Kräutern).
Außerdem eignen sich als Beigabe zur Antipasto-Platte noch Ölsardinen, Thunfisch, Gewürzgurken, Mixed Pickles, süß-sauer eingelegte Peperoni, Tomaten- und Gurkenscheiben usw.

Krabben-Spargel-Cocktail (Bild links)

1 Ds. Spargelstücke (220 g), 100 g gekochten Schinken,
100 g tiefgefrorene oder frische Krabben, 1/2 Zitrone,
100 g Räucherlachsscheiben, 2 EL Mayonnaise, 1 EL Sherry,
1 EL Cognac, 1 Msp. Cayennepfeffer, 1 Msp. gemahlenen Ingwer,
etwas Salz, 1 Bd. Dill

Spargel gut abtropfen lassen und eventuell noch etwas kleiner schneiden, wenn die Stücke zu lang sind.
Den gekochten Schinken in feine Würfel schneiden.
Die Krabben mit Zitronensaft beträufeln, mit den Spargelstücken und Schinkenwürfeln mischen.
Für die Marinade die Mayonnaise, Sherry, Cognac und Gewürze verrühren. Den Dill bis auf einen Stengel feinhacken und mit der Marinade über die Salatzutaten geben. Locker mischen und im Kühlschrank durchziehen lassen.
Den Cocktail in 4 langstieligen Gläsern oder in Avocadohälften anrichten und mit den gerollten Räucherlachsscheiben und Dillzweiglein garnieren.
Goldgelber Toast, Butterröllchen und Weißwein dazureichen.

Salate

Vielfältig in Zusammensetzung und Aussehen sind Salate, und auch im Geschmack. Die Palette reicht von einfach über herzhaft bis raffiniert.
Salate kann man immer servieren; denn je nach den verwendeten Zutaten sind sie erfrischende Beilage, Hauptgericht oder Nachspeise, und sogar – bei besonders auserlesenen Zutaten – eine appetitanreizende Vorspeise.
Wichtig ist deshalb, jeden Salat so hübsch wie möglich anzurichten und daran zu denken, daß jede Zutat erkennbar sein sollte.
Frisches Aussehen bei Salaten aus rohen Zutaten, z. B. den Blatt-, Rohkost- und Obstsalaten, bleibt erhalten, wenn die Salate erst unmittelbar vor der Mahlzeit zubereitet werden.
Salate aus gekochten Zutaten schmecken besser, wenn man sie einige Stunden durchziehen läßt und erst dann garniert.
Ob man Salate mit einer einfachen Essig-Öl-Marinade, gehaltvolleren Sahne- oder Mayonnaisen-Soßen, Joghurt oder einem fertigen Salat-Dressing anmacht, ist Geschmackssache – und über den Geschmack läßt sich bekanntlich nicht streiten!

Griechische Salatplatte

Der Appetit wird nicht nur durch große Platten mit kaltem Aufschnitt und Braten geweckt.
Auch eine farbenfroh zusammengestellte Platte aus verschiedenen Rohkost- oder gemischten Salaten ist appetitanreizend.
Salatplatten können eine geschmackliche Ergänzung zu den häuslichen Mahlzeiten sein, gleichzeitig den Bedarf an Vitaminen, Spurenelementen und Mineralstoffen positiv abrunden.
Für die griechische Salatplatte wurden zusammengestellt:

Tomaten-Zwiebelsalat

4 große Tomaten, 2 Zwiebeln, 1 grüne Paprikaschote, 3 EL Öl, Saft 1/2 Zitrone, 1 Msp. Salz, 1/2 KL würzflüssigen Pfeffer, 1 Prise Zucker, 4 Salatblätter

Die Tomaten waschen und mit einem spitzen Messer den Stielansatz ausschneiden. Schneiden Sie die Tomaten in fächerförmige Scheiben.
Die Zwiebeln schälen, in dünne Scheiben schneiden und jeweils zwischen die Tomatenscheiben stecken.
Die Paprikaschote entkernen, waschen, in kleine Würfel schneiden und mit den anderen Zutaten zu einer Marinade verrühren.
Die Salatblätter in die Mitte einer großen Platte legen, darauf die Tomaten setzen und gleichmäßig mit der Marinade beträufeln.

Maissalat

1/1 Ds. Maiskörner, 3 EL Öl, 1 EL Essig, 1 Msp. Salz, 1 KL würzflüssigen Sellerie, 1 Msp. Pfeffer

Die Maiskörner auf einem Sieb abtropfen, in einer Schüssel mit den anderen Zutaten marinieren und durchziehen lassen.
oder: 1/1 Ds. Maiskörner, 1 Bt. Mayonnaise, 2 EL Chilisoße, 1 Bd. Petersilie oder Schnittlauch
Die abgetropften Maiskörner mit der Mayonnaise, Chilisoße und feingehackten Petersilie mischen und etwas durchziehen lassen.

Kichererbsen-Salat

1 kl. Ds. Kichererbsen, 3 EL Öl, 1 EL Essig, 1–2 Knoblauchzehen, Pfeffer und Salz, 3 EL saure Sahne, 1 Bd. Petersilie

Die Kichererbsen auf einem Sieb abtropfen und in eine Schüssel geben. 2 EL der Kichererbsen im Mixer pürieren, Öl, Essig, Knoblauchzehen, Pfeffer und Salz sowie die saure Sahne zufügen und kurz durchmixen.
Diese Soße über die Kichererbsen gießen, mit der feingehackten Petersilie bestreuen und mischen. Mindestens 1 Stunde durchziehen lassen. Eventuell noch eine feingehackte Zwiebel untermischen.

Artischockensalat

1 Ds. Artischokenböden (Inhalt 20 Stück), 1 Zitrone, 1 Bt. Mayonnaise, 2 EL feingehackte Kräuter (Petersilie, Dill, Kresse usw.), 1 EL Weinbrand, Pfeffer und Salz, Salatblätter
Die Artischockenböden abtropfen lassen und in Würfel schneiden. Zitronensaft darübergießen. Die Mayonnaise mit den feingehackten Kräutern und Weinbrand verrühren, mit Pfeffer und Salz abschmecken und über die Artischockenböden geben. Locker mischen, etwas durchziehen lassen und auf den Salatblättern anrichten.

Rote-Bohnen-Salat

1 kl. Ds. rote Indianer-Bohnen, 1 Zwiebel, 3 EL Öl, 1 EL Essig, 1 KL würzflüssigen Pfeffer, 1 Msp. Cayennepfeffer, etwas Salz
Die Indianer-Bohnen – es können aber auch weiße Bohnen in Tomatensoße sein – auf einem Sieb abtropfen lassen. Die Zwiebel schälen, in kleine Würfel schneiden, mit Öl, Essig und den Gewürzen zu einer Marinade verrühren, über die Bohnen geben und mischen. Gut durchziehen lassen.
Die einzelnen Salate auf der großen Platte rund um die Tomaten anrichten.

Gefüllte Weinblätter

1 Ds. gefüllte Weinblätter (= Dolmas, Einwaage ca. 480 g), 50 g grüne und 50 g schwarze Oliven, 1 Bd. Petersilie
Die abgetropften Weinblattröllchen mit auf die Salatplatte legen, in die Zwischenräume (falls noch vorhanden!) die Oliven legen und mit Petersilie garnieren.
Zur griechischen Salatplatte kalten Schweinebraten, Weißbrot und Rotwein reichen.

Käsesalat „Amsterdam“

250 g Gouda-Käse (mittelalten), 500 g Weintrauben (1/2 grüne und 1/2 blaue Weintrauben), 100 g Walnüsse, 1/2–1 Becher Joghurt, 1 Msp. Salz, 1 Msp. Pfeffer, 1 Msp. Cayennepfeffer; evtl. 1 Apfel, 100 g Schinkenwürfel
Den Gouda-Käse in kleine Würfel schneiden. Die Weintrauben waschen, die größeren darunter halbieren und entkernen.
Die Walnüsse grob hacken, eventuell kurz in den Mixer geben, aber einige zum Garnieren zurückbehalten.
Joghurt mit Salz, Pfeffer und Cayennepfeffer verrühren, über die Salatzutaten geben und locker mischen. Den Salat abschmecken und gut gekühlt anrichten.
Mit den restlichen Walnüssen und einigen Trauben garnieren.

Artischocken-Spargel-Salat

1 Kopfsalat, 1 Ds. Artischockenherzen, 1 kl. Ds. Champignons, 1 kl. Ds. Spargelstücke (220 g), 1/2 Salatgurke, 1 hartgekochtes Ei, 6 EL Öl, 2 EL Weinessig, 1 KL würzflüssigen Pfeffer, 1/2 KL Salz, 2 EL feingehackte Petersilie, 1/2 KL Zucker

Den gewaschenen und abgetropften Salat – am besten benutzen Sie dazu einen französischen Salatwaschkorb – in kleine Stücke zupfen.
Artischockenherzen, Champignons und Spargelstücke auf einem Sieb abtropfen, die Artischocken und Champignons halbieren. Die gewaschene Salatgurke mit der Schale in feine Scheiben schneiden und alle Zutaten locker mischen. Eischeiben über den Salat legen.
Für die Marinade das Öl mit dem Essig, Pfeffer und Salz verrühren, die feingehackte Petersilie und Zucker zufügen und erst bei Tisch über den Salat gießen. Noch einmal kurz mischen.

Kartoffelsalat exquisit

750 g gekochte Kartoffeln, 2 große Orangen, 1 Glas Sellerie in Scheiben (ca. 225 g), 1 Bt. Mayonnaise oder 3 EL aus dem Glas, 1 KL würzflüssigen Pfeffer, Saft 1/2 Zitrone, etwas Salz, 1 Prise Zucker, Petersilie

Die gekochten Kartoffeln und die Orangen schälen. Beides in schmale Streifen schneiden. Den Sellerie auf ein Sieb zum Abtropfen geben, die Scheiben ebenfalls in Streifen schneiden. Es gibt aber auch schon in Streifen geschnittenen Selleriesalat fertig im Glas, den man dann nur noch etwas abtropfen läßt und zu den Kartoffeln gibt.
Mayonnaise mit dem flüssigen Pfeffer, Zitronensaft, Salz und Zucker verrühren, über die Salatzutaten geben und locker mischen.
Den Salat im Kühlschrank einige Stunden durchziehen lassen und mit feingehackter Petersilie bestreut anrichten.
Zu diesem Salat schmecken Schinkenrollen, kalter aufgeschnittener Braten, Geflügelfleisch, gefüllte Eier usw.
Tip: Verwenden Sie diesen Kartoffelslat z. B. auch auf einer großen Platte als Unterlage für aufgeschnittenen Braten, gebratene Geflügelkeulen und Fischstücke.

Salat Diabolo

400 g gebratenes Roastbeef, 2 Gewürzgurken, 1/3 Ds. grüne Bohnen, 3 Tomaten, 1 große Zwiebel, 2 Paprikaschoten (1 rote und 1 grüne), 1 Bt. Mayonnaise, 3 EL Tomatenketchup, 1 KL scharfen Paprika, 1/2 KL würzflüssigen Pfeffer, 6–8 Tropfen Tabasco, 2 EL Essig, etwas Salz, 1 Prise Zucker, 1 hartgekochtes Ei, Petersilie, Peperoni

Das Roastbeef und die Gewürzgurken in schmale Streifen schneiden. Die Bohnen zum Abtropfen auf ein Sieb geben. Tomaten überbrühen und häuten, das Kerngehäuse entfernen und mit der geschälten Zwiebel in kleine Würfel schneiden. Mayonnaise mit Ketchup, den Gewürzen, Essig, Salz und Zucker verrühren. Über die Salatzutaten geben. Locker mischen und den Salat gut durchziehen lassen.

Schmecken Sie ihn vor dem Anrichten noch einmal recht scharf ab, dann mit feingehacktem Ei und feingehackter Petersilie bestreuen, eventuell mit kleinen Peperoni garnieren.

Tip: Paprika ist leichter verdaulich, wenn Sie ihn für den Salat vorher kurz blanchieren.

Dazu 1 Tasse Wasser mit etwas Salz und 1 KL Honig aufkochen, die Paprikastreifen darin ca. 3 Minuten dünsten. Anschließend abgetropft unter den Salat mischen!

Bunter Sommersalat (Bild)

300 g frischen, jungen Spinat, 1 Zwiebel, 1 rote Paprikaschote, 1 säuerlicher Apfel, 2 Tomaten, 1/2 Salatgurke, 1/2 Schächtelchen Kresse, 3 hartgekochte Eier, 6 EL Öl, 3 EL Kräuteressig, 1/2 KL Salz, 1/2 KL würzflüssigen Pfeffer, 1 Msp. Zucker

Den Spinat verlesen, gründlich waschen und auf einem Sieb gut abtropfen lassen. Die größeren Spinatblätter zerpflücken. Die Paprikaschote entkernen und waschen, die Zwiebel schälen und beides in kleine Würfel schneiden.

Die Tomaten und den Apfel entkernen und in Streifen, die Salatgurke mit der Schale in feine Scheiben schneiden.

Die Eier schälen, achteln und mit der gewaschenen Kresse zu den anderen Zutaten in eine große Schüssel geben. Den Salat locker mischen.

Öl mit Essig, Salz, Pfeffer und Zucker zu einer Marinade verrühren, über die Salatzutaten geben und noch etwas im Kühlschrank durchziehen lassen.

Dekorative Eier

Eier haben nicht nur den Vorzug, fast immer vorrätig zu sein; sie sind außerdem einer unserer preiswertesten Eiweißträger und so vielseitig verwendbar, wie kaum ein anderes Nahrungsmittel.
Als Scheiben oder Achtel, feingehackt oder als Pilz mit Tomatenhut dienen sie als Garnierung für viele Speisen. Aber auch gefüllt oder mit pikanten Soßen überzogen, erfreuen sie sich großer Beliebtheit.
Gefüllte Eier sind zum Beispiel als delikate Vorspeise genauso geeignet, wie auf großen Platten angerichtet für's Kalte Büfett. Wie appetitlich so eine Eierplatte aussehen kann, sehen Sie auf dem Bild (von links oben beginnend).

Chili-Eier

6 hartgekochte Eier, 50 g Butter, 2 EL Chilisoße,
1 Msp. Cayennepfeffer, eingelegte kleine Chilis oder Peperoni

Die geschälten Eier der Länge nach halbieren und das Eigelb herauslösen. Mit einer Gabel zerdrücken, mit Butter, Chilisoße und Cayennepfeffer cremig rühren. Die Eihälften mit dieser Creme füllen und mit Chilis garnieren.
Tip: etwas weniger scharf sind diese Eier, wenn die Chilis durch Tomatenpaprikastückchen ersetzt werden!

Käsecreme-Eier

6 hartgekochte Eier, 3 Carrés Frischkäse, 4–6 EL Sahne (oder Kondensmilch), 1/2 KL würzflüssige Zwiebel, 1 Bd. Dill,
1 kl. schwarze Trüffel (nehmen Sie 1/2 für die Eier-Lukull und 1/2 für diese Eier!)

Die geschälten Eier der Länge nach halbieren und das Eigelb herauslösen. Den Frischkäse mit der Sahne, dem zerdrückten Eigelb und flüssiger Zwiebel cremig rühren. Den Dill zur Hälfte feinhacken und unter die Käsecreme rühren. Diese in einen Spritzbeutel mit Sterntülle füllen und in die Eihälften spritzen. Dillsträußchen und – für besondere Anlässe – feine Trüffelscheiben zum Garnieren der Eier verwenden.

Pikante Meerrettich-Eier

6 hartgekochte Eier, 4 EL Mayonnaise, 2–3 EL geriebenen Meerrettich, 1/2 KL würzflüssigen Paprika, nach Geschmack
1 Prise Salz und Zucker, 2 Scheiben Seelachs

Die geschälten Eier der Länge nach halbieren, das Eigelb vorsichtig herauslösen. Mit einer Gabel zerdrücken und zur Mayonnaise geben. Meerrettich, würzflüssigen Paprika, bei Bedarf noch etwas Salz und Zucker zufügen und alles recht cremig rühren. Diese Masse wieder in die Eihälften füllen. Den Seelachs – es kann natürlich auch echter Räucherlachs sein – in feine Streifen schneiden. Je 2 Streifen kreuzweise über die Eihälften legen. Auf grünen Salatblättern angerichtet, sehen diese Eier sehr hübsch aus.

Sardellen-Eier

6 hartgekochte Eier, 100 g Butter, 1 EL Sardellenpaste,
1 KL Zitronensaft, 1 kl. Döschen Sardellenfilets, 1 EL Kapern

Die geschälten Eier der Länge nach halbieren und das Eigelb vorsichtig herauslösen. Die weiche Butter mit dem zerdrückten Eigelb, Sardellenpaste und Zitronensaft cremig rühren. In einen Spritzbeutel mit glatter Tülle füllen und in die Eihälften spritzen. Die Sardellenfilets unter fließendem kalten Wasser kurz überspülen, mit Küchenkrepp abtupfen. Jeweils einen Sardellenstreifen über eine Eihälfte legen und mit Kapern garnieren.
Tip: Eierfüllungen mit verschiedenen Gewürzen (Curry, Paprika), mit feingehackten Kräutern, feingehacktem Schinken, Krabben, Kaviar usw. können auch interessante Geschmacksnuancen ergeben!

Pikante Sülzen

Zu den Speisen, die sich schon längere Zeit vor einer Mahlzeit vorbereiten und gut frisch halten lassen, gehören Sülzen und Aspiks.
Viele Nahrungsmittel enthalten gallertartige Stoffe (Kalbs- und Schweinsfüße z. B.), die eine Flüssigkeit gelieren lassen. Im modernen Haushalt finden heute allerdings im allgemeinen vorgefertigte gelierfähige Zusätze Verwendung. Diese vorgefertigten Aspiks und Gelatinen haben den Vorteil, sehr einfach in der Anwendung zu sein und die Sülzzubereitung ganz beträchtlich zu vereinfachen.

Frühlings-Sülzchen (Bild)

1/4 l Weißwein, 1/4 l Wasser, 1 KL Salz, Saft einer 1/2 Zitrone, 1/2 würzflüssige Zwiebel, 1/2 KL Worcestershire-Soße, einige Tropfen Tabasco, 10 Blatt weiße Gelatine, 2 EL feingehackte Kräuter (Petersilie, Kresse, Dill), 2 hartgekochte Eier, 1 kl. Ds. Erbsen-Karotten-Gemüse, 100 g Krabben (tiefgefrorene oder Glas), 4–6 Salatblätter

Den Weißwein mit Wasser, Salz, Zitronensaft und Gewürzen erhitzen, aber nicht kochen. Gelatine nach Anweisung in kaltem Wasser einweichen, gut ausdrücken und in der Flüssigkeit auflösen. Diese etwas abkühlen lassen, dann die feingehackten Kräuter untermischen. Den Boden von 4–6 kleinen Förmchen oder Tassen mit etwas Flüssigkeit ausgießen. Jeweils 1–2 Eischeiben in die Förmchen legen, darüber die Erbsen, Karotten und Krabben verteilen. Mit der Sülzbrühe auffüllen und im Kühlschrank erstarren lassen.
Vor dem Servieren die Förmchen kurz in heißes Wasser tauchen und auf Salatblätter stürzen. Frischgetoastetes Weißbrot und Butter dazu reichen.
Tip: Auch mit gekochtem, würfelig geschnittenem Schinken an Stelle der Krabben schmecken die Sülzchen sehr gut.

Pikante Tellersülze (Bild)

4 gekochte Schweinerippchen, 4 Scheiben Emmentaler-Käse, 2 hartgekochte Eier, 4 kl. Gewürzgurken, 1 gekochte Karotte, 1 kl. Zwiebel, 1–2 EL eingelegte Tomatenpaprika, 1/2 Tasse Madeira, 1/2 Tasse Wasser, 1 EL Essig, 3–4 Blatt weiße Gelatine, 1 KL würzflüssigen Knoblauch (oder 1 Knoblauchzehe), einige Tropfen Tabasco

Die Knochen der Rippchen auslösen. In 4 tiefe Teller geben, darauf je eine Scheibe Käse und 1/2 Ei legen. Die Gewürzgurken fächerartig einschneiden, die Zwiebel in dünne Scheiben schneiden, die Karotte stifteln. Alles mit den Paprikastreifen dekorieren.
Madeira mit dem Wasser, Essig und Würzzutaten vermischen und erhitzen. Die Gelatine nach Anweisung einweichen, gut ausdrükken und in der heißen Flüssigkeit auflösen. Abkühlen lassen und gleichmäßig über die Teller verteilen. Im Kühlschrank erstarren lassen.

Käse-Pfirsich-Sülze (Bild)

8 Blatt weiße Gelatine (oder gemahlene), 1/8 l Milch, 1 Eigelb, 1/2 KL Salz, 1 Msp. Cayennepfeffer, 1 KL würzflüssige Zwiebel (oder Pfeffer), 1/4 l süße Sahne, 250 g Gouda-Käse, 50 g Walnüsse, 4 halbe Pfirsiche (Ds.), 1/2 KL roten Gelee

Die Gelatine in kaltem Wasser einweichen, wieder ausdrücken und in der heißen Milch auflösen (Gelatine darf nie kochen, da sie dann nicht mehr geliert!). Das Eigelb und die Gewürze unterrühren. Die Sahne steifschlagen. Den Käse in kleine Würfel schneiden, die Walnüsse hacken und 2 Pfirsichhälften kleinschneiden. Die Sahne mit den kleingeschnittenen Zutaten unter die Milch-Ei-Masse ziehen. Eine Puddingform (Schüssel) kalt ausspülen, die Masse einfüllen und im Kühlschrank erstarren lassen. Zum Anrichten die Form ganz kurz in heißes Wasser halten und auf eine Platte stürzen. Mit den in Streifen geschnittenen beiden Pfirsichen und etwas Gelee garnieren.

Dill-Forellen

(Bild)

4 frische oder tiefgefrorene Forellen à 180 g, 2 Bd. Dill, 1 EL Salz, 5 EL Weinessig, 1/4 l Wasser, 1 ungespritzte Zitrone, 1/8 l Weißwein, 2 Blatt weiße Gelatine, 1 Msp. Salz, 1 Prise Zucker, 2 EL Mayonnaise, 2 EL Fondue-Relish (Fertig-Soße), 1 EL roter eingelegter Paprika

Die Forellen ausnehmen, unter fließendem Wasser waschen und mit Küchenkrepp abtupfen, tiefgefrorene nur auftauen lassen, sie sind schon ausgenommen. In die Bauchhöhle die Hälfte des Dills verteilen.

In einem großen flachen Topf oder Fischkocher Wasser, Essig und Salz geben. Die Zitrone halbieren, den Saft und die dünn abgeschälte Schale der einen Hälfte mit in den Topf geben, alles aufkochen. Die Forellen in den Süd geben und bei geringer Wärmezufuhr in 8–10 Minuten garziehen lassen.

Die Forellen herausheben und zwischen Kopf und Schwanz die Haut ablösen. Auf einer großen Platte werden die Forellen nebeneinander angerichtet und abgekühlt.

In der Zwischenzeit wird der Wein in einem kleinen Topf mit etwas Salz und Zucker erhitzt. Die Gelatine nach Anweisung in kaltem Wasser einweichen, wieder gut ausdrücken und im heißen Wein auflösen. (Bitte auf keinen Fall kochen lassen, da die Gelatine sonst ihre Gelierfähigkeit verliert.) Den restlichen Dill bis auf

einen Stengel – der zum Garnieren gebraucht wird – feinhacken und unter den Wein mischen. Diesen etwas abkühlen lassen und erst dann über die Forellen gießen.
Verrühren Sie die Mayonnaise mit Fondue-Relish und ziehen Sie diese Soße – wie auf dem Bild – über die Forellen.
Aus der zweiten Zitronenhälfte Scheiben schneiden und auf die Forellen legen, mit Tomatenpaprika und Dillzweiglein garnieren.
Servieren Sie Dillforellen mit frischgetoastetem Weißbrot und Kräuterbutter, als Getränk einen milden Weißwein.
Als Vorspeise oder Zwischengericht geeignet.

Sahnesoße

*1/8 l saure Sahne, 1 Becher Joghurt, 2 EL Mayonnaise,
1 KL mittelscharfen Senf, 1 EL Zitronensaft, 1/2 KL Salz,
1 Msp. weißen Pfeffer, 1 Msp. Zucker*

Für die Soße die Zutaten mit einem Schneebesen sehr gut verrühren. Sie soll schön cremig sein. Die abgeschmeckte Soße mindestens 30 Minuten in den Kühlschrank stellen. Die Geschmackszutaten verbinden sich dadurch harmonisch, und außerdem schmeckt die Soße kalt ganz einfach besser.

Matjesplatte für Feinschmecker (Bild)

*10 frische, zarte Matjesfilets, 2 hartgekochte Eier, 1 Bd. Petersilie,
1/2 Tasse eingelegte Tomatenpaprikastreifen, 1 Gewürzgurke,
1 große spanische Gemüsezwiebel, eine größere Menge Eiswürfel*

Die Matjesfilets mindestens 30 Minuten wässern. Falls sie sehr salzig sind, in Milch legen.
Die hartgekochten Eier schälen und feinhacken. Paprikastreifen und Petersilie ebenfalls feinhacken, die Gewürzgurke in kleine Würfel schneiden.
In die Mitte einer großen runden Platte stellen Sie nun einen Glasteller, auf dem jede der feingehackten Zutaten wie auf dem Bild für sich gesondert angerichtet wird.
Um den Glasteller herum kommt ein dicker Kranz mit Eiswürfeln.
Die Matjesfilets werden noch einmal kurz abgespült und mit Küchenkrepp abgetrocknet, dann zu Röllchen geformt und auf den Eisrand gelegt.
Schneiden Sie die geschälte Zwiebel in sehr dünne Scheiben und garnieren Sie mit den entstehenden Ringen die Matjesröllchen.
Frisch gekochte Pellkartoffeln in der Schale serviert oder kräftiges Vollkornbrot schmecken ausgezeichnet dazu.

Buttermischungen

Frische Butter schmeckt gut und ist vom Familientisch genauso wenig wegzudenken wie vom Kalten Büfett.
Aber Aussehen und Geschmack lassen sich noch interessanter gestalten; denn Butter läßt sich gut formen – wenn sie nicht direkt aus dem Kühlschrank kommt – und mit Gewürzen und anderen Zutaten pikant verändern.
Wünschen Sie nur den reinen, unverfälschten Buttergeschmack, so können Sie das ganze Butterstück an der Oberfläche verzieren, die Butter mit einem Buntmesser in geriffelte Scheiben, Streifen oder Würfel schneiden, mit einem runden Kartoffelausbohrer zu Kugeln ausstechen oder zwischen zwei geriffelten Butterbrettchen rollen. Die Arbeitsgeräte (Buntmesser, Kartoffelausbohrer oder Löffel) sollten vor Gebrauch jeweils in heißes Wasser gehalten werden, damit sich die Butter besser formen läßt. Holzmodeln werden vorher in kaltes Wasser gelegt.
Für Buttermischungen sollte die Butter weich und geschmeidig sein, da sich Gewürze und weitere Zutaten dann besser unterrühren lassen.
Als sehr hilfreich beim Butterformen hat sich Alufolie erwiesen; die Butter läßt sich leicht aufstreichen, zu Rollen formen und im Kühlschrank bis zum Gebrauch aufbewahren. Auch mit Hilfe eines Spritzbeutels kann Butter dekorativ portioniert werden.
Einige von vielen möglichen Variationen sehen Sie auf dem Bild.

Meerrettichbutter

125 g Butter, 2 EL geriebenen Meerrettich, 1 Msp. Zucker, 1 Msp. Salz, 1 KL Zitronensaft

Die Butter schaumig rühren, die anderen Zutaten untermischen. Streichen Sie die Butter ca. 1 cm dick auf ein Stück Alufolie und lassen sie im Kühlschrank wieder festwerden.
Kleine Ausstechformen vor dem Gebrauch in heißes Wasser halten und aus der Butter beliebige Figuren ausstechen. Bis zum Gebrauch in den Kühlschrank stellen.

Pistazienbutter

125 g Butter, 1 Msp. Salz, 1 Msp. Zucker, 50 g feingehackte Pistazien

Die Butter mit den Zutaten verrühren, auf Alufolie geben und zu einer Rolle formen. Im Kühlschrank erstarren lassen und bei Gebrauch in Scheiben schneiden.

Currybutter

125 g Butter, 1 EL Curry hot, 1 Msp. Salz, 1 Msp. Zucker, 1 KL Curry-Soße (fertig gekaufte)

Die Butter mit den Zutaten verrühren, gleichmäßig dick auf Alufolie streichen und die Oberfläche mit dem Buntmesser oder einer Gabel einrillen. Die Currybutter im Kühlschrank festwerden lassen und mit runden Förmchen ausstechen, diese vorher kurz in heißes Wasser tauchen, damit das Ausstechen leichter geht.

Lachsbutter

125 g Butter, 1 Msp. Cayennepfeffer, 1 kl. Zwiebel, 50 g Räucherlachs (manchmal tut's auch Seelachs, der allerdings nicht so delikat im Geschmack ist)

Die Butter mit Cayennepfeffer, der feingehackten Zwiebel und dem sehr feingehackten Räucherlachs verrühren, die Buttermischung eventuell durch ein Sieb streichen, damit sie recht cremig ist. Danach gleichmäßig 1 cm dick auf Alufolie streichen und die Oberfläche einrillen. Bis zum Gebrauch kaltstellen und in Rechtecke oder andere Formen schneiden.

Feine Kräuterbutter

125 g Butter, 1 Msp. Salz, 1 Msp. Pfeffer, 1 Msp. Zucker, 1 KL Zitronensaft, 2 EL feingehackte Kräuter (Kerbel, Kresse usw.)
Die Butter mit allen Zutaten verrühren und beliebig formen. Paßt eigentlich immer als Brotaufstrich oder zu kaltem Braten.

Schinkenbutter

125 g Butter, 50 g rohen (gekochten) Schinken, 1/2 KL würzflüssigen Pfeffer
Die weiche Butter mit dem feingehackten Schinken und Pfeffer verrühren, zu Kugeln formen und bis zum Gebrauch kaltstellen.

Paprikabutter

125 g Butter, 1 Msp. Salz, 2 EL eingelegte Tomatenpaprika, 1 Bd. Petersilie, 1 Bd. Schnittlauch (oder andere Kräuter)
Die Butter schaumig rühren. Tomatenpaprika sehr fein hacken und mit dem Salz unter die Butter rühren. Auf Alufolie streichen und zu einer Rolle formen. Die Butterrolle in den feingewiegten Kräutern wälzen und kaltstellen. Bei Gebrauch in dicke Scheiben schneiden.

Paprikakugeln

125 g Butter, 1 Knoblauchzehe (oder Knoblauchpulver), 1 Msp. Salz, 1–2 EL Rosenpaprika
Die weiche Butter mit der zerdrückten Knoblauchzehe und Salz verrühren und etwas fest werden lassen.
Mit einem runden Kartoffelausbohrer Kugeln ausstechen. Sie können aber auch einen Kaffeelöffel zur Hilfe nehmen und die Butterkugeln mit kaltüberspülten Händen nachrollen. In Paprikapulver wälzen und bis zum Gebrauch in den Kühlschrank stellen.

Trüffelbutter

125 g Butter, 1 KL Zitronensaft, 1 Msp. Salz, 1 Msp. Cayennepfeffer, 1 kl. schwarze Trüffel (es gibt kleine Dosen mit 12,5 g Einwaage in Feinkostgeschäften!)
Die Butter mit Zitronensaft, Salz und Cayennepfeffer glattrühren. Die Trüffel sehr feinhacken und untermischen. Gleichmäßig dick auf Alufolie streichen und im Kühlschrank festwerden lassen. Bei Gebrauch in Dreiecke, Streifen oder Quadrate schneiden.

Belegte Brote und Sandwiches

Sie geben einen tiefen Einblick in den Variationsreichtum der Kalten Küche. Beim Belegen von Broten sind der Phantasie keine Grenzen gesetzt, nur Geschmacksempfinden und Schönheitssinn entscheiden darüber, welche Brotsorte mit welchem Belag versehen wird. Natürlich wird dabei auch mit zu berücksichtigen sein, ob Brote für den alltäglichen Abendbrottisch belegt werden, ob es sich um ein schnelles Brot mal-so-zwischen-durch handelt, ob es als Pausenbrot für den Arbeitsplatz, die Schule oder als Reiseproviant gedacht ist, oder zum Bewirten von Gästen bei kleinen und größeren Festen.
Man sollte bei der Auswahl der Brotsorten und des Belags daran denken, daß kräftige, dunkle Brotsorten auch entsprechend kräftig schmeckenden Belag verlangen. Auflagen mit besonders feinen Geschmacksunterschieden sollten auf Brotsorten mit wenig Eigengeschmack, z. B. Weißbrot und Knäckebrot, angerichtet werden. Verschiedene, bunt belegte Brote sehen Sie auf dem Bild (von links oben nach rechts).

Bel-Paese-Brot

Sesam-Knäckebrot mit Butter bestreichen. Pro Scheibe mit 2 Scheiben Bel-Paese-Käse belegen und in die Mitte 1/2 Kaffeelöffel Preiselbeerkompott geben.

Leberpasteten-Brot

1 Scheibe Weißbrot (oder Graham-Brot) mit Butter bestreichen und mit einer dicken Scheibe Leberpastete belegen, mit Petersilie und einem Schinkenröllchen garnieren.

Sardellenbrot

1 Scheibe frisches Graubrot dick mit Butter bestreichen und gitterartig mit Sardellenfilets belegen. Eischeiben und Petersilie zum Garnieren.

Lachsröllchen-Brot

Knäckebrotscheiben mit Butter bestreichen, Seelachsscheiben zu Röllchen formen und auf das Knäckebrot legen. Mit dünnen Zwiebelringen garnieren.

Störtebeker-Brot

Eine große Scheibe Bauernbrot mit Butter bestreichen. Aus 2 Eiern und 2 EL Milch Rührei bereiten würzen und mit feingeschnittenem Schnittlauch mischen. Auf die Brotscheibe geben und mit einigen Stückchen Räucheraal (geräucherter Makrele oder Schillerlocken) garnieren. Das ist ein Brot zum Sattwerden! Tomatensaft oder kühles Bier schmeckt gut dazu.

Kalbsbraten-Brot

Knäckebrot mit Butter bestreichen und mit kaltem Kalbsbraten belegen. Tomatenscheiben schuppenartig darüber legen und mit einem Klecks Kräutermayonnaise garnieren.

Hackepeter-Brot

1 dicke Scheibe frisches Vollkornbrot mit Butter bestreichen und dick (pro Scheibe 50 g) mit Schweinemett betreichen. Mit Kümmel, Paprika oder Pfeffer nach Geschmack bestreuen und mit Eischeiben garnieren.

Pikantes Heringsbrot

Eine dicke Scheibe Vollkorn- oder Grahambrot mit Butter bestreichen und dick mit einem pikanten Heringssalat (fertig gekauft!) bestreichen.

Eier-Knäcke

Eine Scheibe Knäckebrot mit Butter oder Mayonnaise bestreichen und mit etwas Paprikapulver bestreuen. Dick mit Eischeiben belegen und mit etwas deutschem Kaviar garnieren.

Sandwich „Witwe Bolte"

2 Scheiben Toastbrot, 20 g Butter, 1 Salatblatt, 100 g gekochte Geflügelbrust, 1 EL Tomatenketchup

Die Weißbrotscheiben mit Butter bestreichen, eine Scheibe mit dem gewaschenen Salatblatt belegen, das Geflügelfleisch in Scheiben geschnitten darauflegen. Mit Ketchup überziehen und mit der zweiten Weißbrotscheibe bedecken. Etwas zusammendrücken. Für ein Picknick oder als Arbeitspausenbrot sehr gut geeignet. In Alufolie verpackt, hält sich das Sandwich länger frisch.

Sandwich „Diana"

2 Scheiben Toastbrot, 20 g Butter, 3 Scheiben kalten Wildbraten, 1 kl. Birne, 1 EL Preiselbeerkompott

Die Toastscheiben von einer Seite mit Butter bestreichen und dick mit den Bratenscheiben belegen. Die Birne schälen, das Kerngehäuse entfernen und die Birne grob raspeln. Mit dem Preiselbeerkompott vermischen und auf die Fleischscheiben verteilen. Die zweite Weißbrotscheibe darüber decken und etwas andrücken. Mit einem scharfen Messer eventuell diagonal durchschneiden und auf Salatblättern anrichten.

Sandwich „Kopenhagen"

2 Scheiben Toastbrot, 20 g Butter, 1 Salatblatt, 1 gehäuften EL Kräutermayonnaise, 50 g frische oder konservierte Krabben

Die Weißbrotscheiben leicht toasten, abkühlen lassen und von einer Seite mit Butter bestreichen. Auf eine Toastscheibe das gewaschene Salatblatt legen, die Kräutermayonnaise mit den Krabben vermischen und daraufgeben. Die zweite Toastscheibe darüberdecken.
Sie können aber auch jeweils die Hälfte der Krabbenmischung auf eine Toastscheibe geben. Mit einem Glas Weißwein ein leckeres Ein-Personen-Abendessen!

Kalte Platten, einfach

Gelegenheiten zum Zusammenkommen im Freundeskreis ergeben sich häufig und oft genug auch unerwartet.
Meist bleibt es dann dem Einfallsreichtum der Hausfrau oder bei Junggesellen dem Hausherrn überlassen, aus den vorhandenen Zutaten etwas zu zaubern.
Überraschungsgäste sind also auch immer ein Prüfstein für die Hausfrau und zeigen, ob sie improvisieren kann.
Das sollte in der heutigen Zeit nicht schwerfallen; denn schon mit einem kleinen Vorrat der verschiedensten Konserven lassen sich in kurzer Zeit Kleinigkeiten oder ganze Menüs zubereiten. Auf dem Bild sind einige solcher „Kleinigkeiten" zu sehen, die sich mit wenig Zutaten aus dem Kühlschrank und dem Vorratsschrank zubereiten lassen.

Da gibt es zum Beispiel:

Lustige Käsekräcker (Bild)

1 Paket Kräcker (mit verschiedenen Formen), 250 g Quark oder Sahnequark, 1/2 KL Salz, 1/2 KL würzflüssige Zwiebel, eventuell 2 EL Kondensmilch

Zum Garnieren einige blaue und grüne Weintrauben, Cocktailkirschen, Mandarinenspalten und Walnußhälften
Den Quark mit Salz, würzflüssiger Zwiebel und Kondensmilch verrühren. In einen Spritzbeutel mit Sterntülle füllen und kleine Häufchen auf die Kräcker spritzen. Mit Weintrauben, Cocktailkirschen usw. garnieren.
Die Zubereitung dauert nicht länger als 10 Minuten, und das sieht man der Platte bestimmt nicht an.

Sandwich „Lukull"

2 Scheiben Weißbrot, 20 g Butter, 100 g Geflügelleber, etwas Pfeffer und Salz, 1 KL Mango-Chutney, 1 Banane

Die Weißbrotscheiben mit Butter bestreichen. Etwas Butter zum Braten der Geflügelleber verwenden. Diese leicht würzen und abkühlen lassen. Mango- oder Curry-Chutney auf die Weißbrotscheiben geben, mit Bananenscheiben belegen und die Geflügelleber darauf verteilen.
Zum Sattmachen für eine Person, als Vorspeise für 2 Personen ausreichend.

Die Mengenangaben bei den belegten Broten und Sandwiches sind – wenn nicht anders angegeben – für eine Portion!

Bunte Canapés (Bild)

1 Paket Toastbrot, 100 g Butter

Die Toastscheiben mit Butter bestreichen, eventuell vorher toasten. Nach Belieben diagonal durchschneiden, halbieren oder rund ausstechen. Verschieden belegen:

Canapés mit Krabben

100 g Krabben (tiefgefrorene oder aus der Konserve), Saft von 1/2 Zitrone, 1 kl. Ds. Champignonstücke, 2–3 EL Mayonnaise, etwas Pfeffer und Salz, Dill oder Petersilie

Die Krabben mit Zitronensaft beträufeln, mit den Champignons und Mayonnaise vermischen und abschmecken. Die Krabben-Mayonnaise auf Weißbrotscheiben verteilen, mit Krabben, Champignons oder Dill garnieren.

Cornedbeef-Canapés

*150 g Cornedbeef, 1 Zwiebel, 2 EL Öl, 1 KL Senf,
1 EL Tomatenketchup, 2 Gewürzgurken, Pfeffer und Salz,
1 eingelegte Tomatenpaprika*

Cornedbeef mit der geschälten Zwiebel in kleine Würfel schneiden, mit Öl, Senf, Ketchup und einer feingehackten Gewürzgurke vermischen, mit Pfeffer und Salz abschmecken und auf die Weißbrotscheiben streichen. Mit Gurkenscheiben und Paprikastreifen garnieren.

Sie können diese Canapés auch mit Graubrot oder Vollkornbrot herstellen, wenn kein Weißbrot vorrätig ist.

Canapés mit Rührei

*3 Eier, 3 EL Milch, 1 KL würzflüssiger Pfeffer, etwas Salz,
20 g Butter oder Margarine, grüne Oliven*

Die Eier mit Milch, Pfeffer und Salz verquirlen und in der heißen Butter unter Rühren stocken lassen. Auf die Weißbrotscheiben verteilen und mit Olivenscheiben garnieren.

Das Rührei kann noch mit feingehackten Kräutern, Schinkenwürfeln oder Räucherfisch verändert werden.

Käse-Canapés

Stangenweißbrot, 100 g Butter, 250 g Gouda- oder Edamer Käse in Scheiben. Zum Garnieren 1 hartgekochtes Ei, Radieschen, Weintrauben, Tomate oder Gewürzgurke

Das Brot in gleichmäßige Scheiben schneiden und mit Butter bestreichen. Aus den Käsescheiben kleine Quadrate schneiden oder runde Scheibchen ausstechen und die Weißbrotscheiben damit belegen. Garnieren mit dem, was im Hause ist.

Auch mit Schinken, Wurst usw. können noch einige Canapés belegt werden. Weitere Variationen finden Sie bei „belegten Broten“ und „Canapés“.

Große Familienplatte (Bild)

Sie haben weder große Lust noch viel Zeit für die Zubereitung des Abendessens? Nun, wie wäre es dann, wenn Sie das gesamte Abendessen für die Familie so appetitlich auf einer Platte servieren?
Der Zeitaufwand für das Anrichten und den Abwasch ist minimal. Vielleicht übernehmen es aber auch der Hausherr oder die Kinder, diese Platte so liebevoll vorzubereiten. Die Mengenangaben sind für 4 Personen:

4 Scheiben gekochten Schinken, 125 g Thüringer Blutwurst, 125 g Hausmacher Leberwurst, 250 g frischen Tartar (= Rindergehacktes), 1 Ei, 1/2–1 Camembert-Käse, 1 französischen Pfefferkäse (Weichkäse), 1 Boursin/le Tartare (ebenfalls französische Weichkäsesorten), 1 kl. Glas grüne Oliven, 1 kl. Glas schwarze Oliven, 2–3 Gewürzgurken, 1 Tomate, 1 Bd. Radieschen, 1 kl. Zwiebel, 1 Glas Perlzwiebeln, frische Peperoni, 1 kl. Rettich, 1/2 grüne Gurke, 1 grüne Paprikaschote, Petersilie, Salzgebäck, 250 g blaue und grüne Weintrauben, Weißbrot, Vollkornbrot, Pumpernickel und Butter

Dekorieren Sie eine große Platte mit all den vorgesehenen Zutaten, so wie auf dem Bild. Natürlich können auch andere Wurst- oder Käsesorten gewählt werden.
Jede Hausfrau weiß am besten, welche Geschmacksrichtungen von ihren Lieben bevorzugt werden.

Eine andere Variation:

4 Scheiben gekochten Schinken, 150 g Bierwurst, 125 g Salami, 250 g Kalbfleischsülze, 250 g Käse-Aufschnitt, 2 hartgekochte Eier, 1 Bd. Radieschen und 1 Salatgurke, Petersilie und 1 Glas Mixed Pickles

Die verschiedenen Wurst- und Käsesorten auf einer Platte anrichten und garnieren. Mohnstangen, Salzstangen und Vollkornbrot mit Butter dazu reichen.

Hausmacher Schlachtplatte

4 gekochte, gepökelte Schweinerippchen (à 150 g), 200 g Ardennenschinken, 200 g Schwarzgeräuchertes, 100 g Paprikawurst oder breite Blutwurst, 1 frische Ananas mit schönem grünen Büschel, 1 Likörglas Cognac oder Weinbrand, 500 g mildes Sauerkraut, 3 EL Öl, 1 KL würzflüssigen Pfeffer, 1/2 KL Salz, 1/2 KL Zucker

Auf einer großen runden oder ovalen Platte oder einem Holzbrett werden die gekochten Rippchen, Scheiben von Ardennenschinken, Schwarzgeräuchertem und Paprikawurst angerichtet.

Schneiden Sie nun die gewaschene Ananasfrucht – das Grüne bleibt daran – auf einer Seite der Länge nach bis zum Kern in der Mitte auf. Da der Ananaskern meist holzig ist, wird er herausgeschnitten. Das Fruchtfleisch so aus der Ananas schneiden, daß ca. 1/2 cm Schale stehen bleibt. Das Fruchtfleisch in kleine Würfel schneiden, mit Cognac übergießen und unter das aufgelockerte Sauerkraut mischen. Dieses mit Öl marinieren, mit den Würzzutaten abschmecken und gut durchziehen lassen.

Wer es mag, mischt noch 150 g halbierte, entkernte Weintrauben oder einen in Würfel geschnittenen Apfel unter das Sauerkraut. An Stelle der frischen Ananas können auch Scheiben aus der Konserve genommen werden.

Den durchgekühlten Sauerkrautsalat wie auf dem Bild zwischen die Ananashälften füllen und auf die Platte setzen. Das sieht nicht nur sehr gut aus, sondern schmeckt auch so.

Frisches Brot und Butter oder heiße Pellkartoffeln dazu reichen.

Ein kalter Braten kann den eindrucksvollen Mittelpunkt eines Kalten Büfetts bilden. Damit der Anblick einerseits nicht verdorben wird, sich die Gäste aber andererseits leicht bedienen können, muß er kunstvoll tranchiert und wieder zusammengebaut werden.

Gefüllte Kalbsbrust (Bild, rechts, Platte für 10 Personen)

2 kg Kalbsbrust, 1 KL Salz

Füllung: 1 Brötchen, 1/2 Tasse Milch, 150 g Schweinefleisch (z. B. Hackfleisch), 150 g Kalbshirn, 100 g durchwachsenen, geräucherten Speck, 1 Ei, 50 g Butter, 1 Zwiebel, 1 KL Salz, 1/2 KL weißen Pfeffer, 1 Msp. Majoran, 1 Msp. Thymian, 1 Msp. Liebstöckel, 1–2 Zehen Knoblauch, 1 Tasse tiefgefrorene feine Erbsen, 1 Bd. Petersilie (Kerbel, Kresse oder andere Kräuter), 100 g Pistazien.
1–2 l Wasser, 1–2 Schächtelchen Klare Fleischsuppe, 1 Lorbeerblatt, 3 Pfefferkörner, 1 Mohrrübe, 1 Stück Sellerieknolle (oder ein Bd. Suppengrün putzen und verwenden)

Die Kalbsbrust entbeinen und eine große Tasche zum Einfüllen des Fleischteiges hineinschneiden. Am besten lassen Sie es gleich beim Metzger machen.
Das Fleisch unter fließendem kalten Wasser waschen und mit Küchenkrepp abtrocknen. Danach rundherum mit Salz einreiben und überhängende Fleischlappen abschneiden.
Das Brötchen kleinschneiden und in der lauwarmen Milch einweichen. Die abgeschnittenen Kalbfleischstücke (ca. 150 g), das Schweinefleisch und den Speck möglichst zweimal durch die Fleischhackmaschine drehen.
Das gewaschene Kalbshirn kurz in kochendem Wasser ziehen lassen und die Haut abziehen. Das Hirn in Würfel schneiden, mit dem ausgedrückten Brötchen und dem Ei zur Fleischmasse geben.
Die weiche Butter mit den Zwiebelwürfeln und Gewürzen verrühren, mit den Erbsen, der feingehackten Petersilie und den grobgehackten Pistazien zur Fleischmasse geben. Falls die Pistazien nicht geschält sind, müssen sie wie Mandeln überbrüht und enthäutet werden.
Alle Zutaten zu einem pikanten Fleischteig verkneten und kräftig abschmecken. Die Kalbsbrust mit der Masse füllen und mit einem Baumwollfaden zunähen.
Achten Sie darauf, daß die Kalbsbrust nicht zu prall gefüllt ist, da sich die Füllung noch etwas ausdehnt und sonst herausquillt.
In einem großen Topf das Wasser aufkochen, die Klare Fleischsuppe, Gewürze und das geputzte Gemüse hineingeben. Die Kalbsbrust vorsichtig einlegen und in 2–2 1/2 Stunden garkochen.
Die Kalbsbrust abkühlen lassen und mit einem scharfen Messer in gleichmäßige Scheiben schneiden. Auf einer großen Platte anrichten und je nach Anlaß garnieren.
Zum Beispiel mit Tomatenvierteln und marinierten Artischockenherzen aus der Dose umlegen, wenn die Platte für ein Kaltes Büfett angerichtet wird.

Zur gefüllten Kalbsbrust paßt eine Kräutersoße, Meerrettichsahne oder pikante Tomatensoße. Man kann auch Bauernbrotscheiben mit einer Knoblauchzehe einreiben und toasten und mit einem leichten Rotwein zur Kalbsbrust reichen.

Kalbsrollbraten

1 kg Kalbsrollbraten, 1/2 KL würzflüssiger Paprika, 1 KL würzflüssiger Pfeffer, 1/2 KL Salz, 1 Msp. Thymian, 3 EL Öl

Den Kalbsrollbraten mit der Mischung aus den Würzzutaten und Öl einpinseln. Auf den Rost der Bratenpfanne legen und im vorgeheizten Backofen (240° C, Gasherd Stufe 5) ca. 1 1/2 Stunden braten. Zwischendurch einige Male mit der Ölmischung einpinseln. Den Braten abkühlen lassen, in Scheiben schneiden und auf einer Platte anrichten. Griechische Weinsoße dazu reichen.

Griechische Weinsoße

3 EL Öl, 4 EL Fleischbrühe, 2 EL Weinessig, 1 EL Zucker, 3 Eigelb, 1–2 EL Kräutersenf, 1/2 Glas Weißwein, etwas Salz

In einem Topf das Öl erhitzen. Die übrigen Zutaten hineingeben und unter ständigem Rühren mit einem Schneebesen einmal kurz aufkochen. Die Soße kräftig abschmecken und erkalten lassen. Falls sie etwas zu dick geworden ist, noch mit 1/2 Glas Weißwein oder saurer Sahne verrühren.
Diese Soße schmeckt nicht nur zum Kalbsrollbraten, sondern auch sehr gut zu kaltem Roastbeef und kaltem Huhn.

Kräuterragout

(Bild S. 47)

350 g gekochtes Kalbfleisch (oder Geflügelfleisch), 1 Schächtelchen Holländische Soße (Fertigsoße), 1/8 l Wasser, 3 EL Weißwein, 3 Blatt weiße Gelatine, 1 Bd. Dill, 1 Bd. Petersilie (oder andere Kräuter), 1 Msp. Pfeffer, evtl. 1 Prise Salz, 1 Prise Zucker, etwas Zitronensaft, 1/8 l süße Sahne

Die Holländische Soße in 1/8 l Wasser zubereiten und das sehr feingeschnittene Fleisch hineingeben. Die Gelatine in kaltem Wasser einweichen, gut ausdrücken, im heißen Wein auflösen und in die Soße rühren. Die feingehackten Kräuter zufügen und mit Gewürzen und Zitronensaft abschmecken, etwas abkühlen lassen. Zum Schluß die steifgeschlagene Sahne unter das Ragut heben und auf den Eierstich streichen.

Eierstich

1/4 l Milch, 4 Eier, 1/2 KL Salz, 1 Msp. Pfeffer, 1 Msp. Paprika, 1 Msp. Muskatnuß, 1 EL Speisestärke, Butter/Margarine, Salatblätter, 2 Tomaten

Die Milch mit den Eiern, Gewürzen und der Speisestärke gut verrühren. Eine rechteckige feuerfeste Form mit Alufolie auslegen und dick mit Butter bestreichen. Die Eiermilch hineingießen und im Backofen (E.-H. 220° C, G.-H. Stufe 4) in ca. 30 Minuten stocken lassen. Etwas abkühlen und vorsichtig auf ein großes Brett stürzen, die Alufolie abziehen.
Auf die eine Hälfte das Ragout verteilen und die zweite Hälfte überklappen. Ganz abkühlen und erstarren lassen. Mit einem sehr scharfen Messer in ca. 1 cm dicke Scheiben schneiden. Auf einer großen runden Platte als Rosette anrichten.

Texasrollen

4 große Scheiben Rouladenfleisch (à 200 g), 2 KL würzflüssigen Pfeffer, 4 EL Chili-Soße, 2 hartgekochte Eier, 1 große Zwiebel, 100 g rohen Schinken, 1 grobe rohe Bratwurst, 1 Likörglas Weinbrand, 1 Bd. Petersilie, 4–6 EL Öl, 1 Tasse Fleischbrühe, 1 Glas Weißwein

Die gut geklopften Fleischscheiben mit dem Pfeffer einreiben und mit Chilisoße bestreichen. Die Eier schälen und feinhacken, die Zwiebel schälen und mit dem Schinken in kleine Würfel schneiden. Aus der Bratwurst die Fülle herausdrücken, mit den kleingeschnittenen Zutaten, Weinbrand und feingehackter Petersilie vermischen. Auf die Fleischscheiben verteilen, diese zu Rouladen rollen und mit Holzspießchen oder Rouladenklammern zusammenstecken. In heißem Öl von allen Seiten kräftig anbraten, mit Fleischbrühe und Weißwein auffüllen und die Rollen in ca. 45 Minuten garschmoren. Texasrollen abgekühlt auf Kartoffelsalat oder einem pikanten Reisgemüse-Salat anrichten. Nach Geschmack mit Chilisoße oder Tomatenketchup übergießen.
Texasrollen eignen sich besonders gut für einen Herren-Abend, eine Faschings- oder Bierparty.

Wie beim Braten gilt auch hier, daß gebratenes Geflügel als Ganzes zwar eindrucksvoll aussieht, aber wegen der Bedienung in tellergerechte Stücke tranchiert und anschließend wieder zusammengesetzt werden muß.

Putenbrust „Schöne Gärtnerin" (Bild, rechts)

1 große Putenbrust (ca. 1000 g), 1 KL Salz, 1 KL würzflüssigen Pfeffer, 1/2 KL würzflüssigen Sellerie oder Selleriesalz,
1 Msp. Ingwerpulver, 4–6 Tropfen Tabasco,
4–6 EL Öl (50 g Pflanzenfett), 1 Tasse Wasser,
1 KL Instant-Hühnerbrühe, 1 Likörglas Cognac oder Weinbrand,
1/3 Ds. Champignons (180 g), 1 kl. Ds. Erbsen-Karotten-Gemüse,
1 kl. Ds. Staudensellerie oder 1 Ds. Sellerie in Scheiben,
1/8 l saure Sahne oder 1 Becher Joghurt, 2 KL Chilisoße,
etwas Pfeffer, 1/2 KL Salz, 2 Tomaten, 1 hartgekochtes Ei,
1 Bd. Petersilie

Die Putenbrust waschen, mit Küchenkrepp abtrocknen und sämtliche Hautreste wegschneiden. Das Salz mit den Gewürzen verrühren und die Putenbrust damit kräftig einreiben.
Das Öl erhitzen, die Putenbrust darin von allen Seiten anbraten, das heiße Wasser mit der Instant-Brühe zugießen. Bei geschlossenem Topf in ca. 60 Minuten garschmoren. Kurz vor Ende der Garzeit den Cognac über das Fleisch gießen und dieses abkühlen lassen.
Die Champignons und das Gemüse abtropfen lassen, Champignons eventuell vierteln und den Sellerie in Scheiben schneiden.
Die Sahne mit den Gewürzen verrühren, über das Gemüse geben, locker mischen und auf eine große Platte geben.
Die in Scheiben geschnittene Putenbrust auf dieses Gemüsebett legen. Mit Tomaten- und Eiachteln sowie Petersiliensträußchen garnieren.
Getoastetes Weißbrot, Butterröllchen und einen leichten, gut temperierten Weißwein dazu reichen.
Ausreichend für 4–6 Personen.

Geflügelcurry Madras

1 Poularde (ca. 1500 g), 2 l Wasser, 1 EL Salz,
1 Bd. Suppengrün, 1 Lorbeerblatt, 1 Zitrone, 50 g Butter/Margarine,
2 Zwiebeln, 1 Apfel, 1 Knoblauchzehe, 1 EL Curry,
1 Bt. Mandelblättchen (50 g), 1/4 l Wasser, 1 Schächtelchen Holländische Soße oder Curry-Soße, 2 EL Mango-Chutney,
2 EL Rosinen, 1 Msp. gemahlenen Ingwer, 2 EL Sahne oder Kondensmilch

Falls die Poularde tiefgefroren ist, diese auftauen. Innen und außen gut waschen. Wasser mit dem Salz aufkochen, die Poularde mit dem geputzten Suppengrün und Lorbeerblatt hineingeben. In ca. 45 Minuten (bis zu 1 Stunde) garkochen. Im Dampfdrucktopf verringert sich die Kochzeit natürlich erheblich.
Die gekochte Poularde enthäuten und entbeinen, das Geflügelfleisch in gleichmäßig große Würfel schneiden. Damit das Fleisch schön weiß bleibt, Zitronensaft darüber gießen. Die Butter in einem Topf zerlaufen lassen. Die Zwiebel und den Apfel schälen, beides in sehr kleine Würfel schneiden und in der Butter glasig werden lassen. Die zerdrückte Knoblauchzehe zufügen, ebenfalls Curry und Mandelblättchen. Ca. 3 Minuten dünsten, mit Wasser – oder noch besser 1/4 l Hühnerbrühe – auffüllen und darin nach Anweisung die Holländische Soße zubereiten. Mango-Chutney und Rosinen in die Soße rühren, mit Ingwer und Sahne abschmecken. Die abgekühlte Soße über das Geflügelfleisch geben und umrühren, damit sich keine Haut bildet.
Knuspriges Stangenweißbrot dazu reichen. Außerdem Senfgurken und Mango-Chutney in kleinen Schälchen anrichten und dazu stellen.

Ingwer-Brüstchen

8 tiefgefrorene oder frische Hähnchenbrüste, 1/2 KL Salz, 1/2 KL Pfeffer, 1 Msp. Ingwer, 50 g Butter/Margarine, 1 Likörglas Gin, 4 eingelegte Ingwerknollen (in Sirup), 3 EL Mayonnaise, 2 EL Joghurt, 1/2 KL Curry, 8 Cocktailkirschen

Die Hähnchenbrüste kurz waschen und gut mit Küchenkrepp abtrocknen. Mit der Mischung aus Salz, Pfeffer und Ingwer kräftig einreiben.
In einer Pfanne die Butter erhitzen und die Hähnchenbrüste darin von beiden Seiten goldbraun braten. Den Gin über das Fleisch träufeln und dieses abkühlen lassen.
Die Ingwerknollen in sehr feine Streifen schneiden und die Hähnchenbrüste damit belegen.
Die Mayonnaise mit Joghurt und Curry verrühren und über die Geflügelstücke ziehen. Mit Cocktailkirschen verzieren.
Sie können die Hähnchenbrüste auf einer größeren Platte auf gewaschenen Salatblättern anrichten oder portionsweise auf kleine Glastellerchen setzen.
Goldgelb getoastetes Weißbrot, Butter und einen leichten Weißwein dazu reichen. Ideal für eine kleine Gästebewirtung am Abend geeignet.

Geflügelsalat „Orientale"

1 gegrilltes oder gekochtes Hähnchen, 1 kl. Ds. Spargelstücke (ca. 220 g), 1/2 Ds. Mandarinenspalten, 10 frische Datteln, 2 Scheiben Ananas (Ds.), 1 Bt. Mayonnaise, 1 KL Curry, 1 EL Curry-Chutney (im Glas), 1 Msp. Ingwerpulver, Pfeffer und Salz zum Abschmecken

Vom gegrillten Hähnchen die Haut entfernen, das Fleisch von den Knochen lösen und in Würfel schneiden.
Spargel und Mandarinen auf einem Sieb abtropfen lassen. Die Datteln entkernen und mit den Ananasscheiben in kleine Stifte schneiden, mit den Zutaten vermischen.
Die Mayonnaise mit Curry und – falls nötig feingehacktem – Curry-Chutney verrühren. Pikant mit Ingwerpulver, Pfeffer und Salz abschmecken, über die Salatzutaten geben, locker mischen und kaltstellen.
Toastbrot, Weiß- oder Rosé-Wein dazu reichen.

Wild

Große Wildbraten lassen sich besonders gut im Ganzen als Mittelpunkt für eine festliche Familientafel oder ein Kaltes Büfett anrichten.
Mit Früchten dekoriert und mit anderen delikaten Beilagen versehen, lassen sie das Herz jedes Feinschmeckers höher schlagen.

Rehrücken (Bild)

1 Rehrücken (ca. 1000 g), 1 Likörglas Cognac, 1/2 KL Salz, 1 Msp. Zucker, 1/2 KL würzflüssigen Paprika, 1/2 KL würzflüssigen Pfeffer, 1/2 KL Thymian, 1/2 KL Rosmarin, 3 zerdrückte Wacholderbeeren, 1 Msp. Oregano (= wilder Majoran), 150 g fetten Speck, 1 Orange (naturrein), 1 kl. Glas Sauerkirschen, 1 Glas Rotwein, 1 KL Zucker, 1 Msp. Zimt, 1 KL Speisestärke

Den gut abgehangenen Rehrücken sorgfältig von Haut- und Sehnenresten befreien. Kurz unter fließendem Wasser abwaschen und mit Küchenkrepp trockentupfen.
Cognac, Öl und die Gewürze verrühren und den Rehrücken rundherum kräftig mit dieser Mischung einreiben. Ca. 30 Minuten einwirken lassen. Den Speck in sehr dünne Scheiben schneiden und den Rehrücken damit belegen.
In Alufolie einschlagen – oder in den vorbereiteten Römertopf legen – und auf den Rost der Bratenpfanne legen. Im vorgeheizten Backofen (220–240° C, Gasherd Stufe 4–5) in ca. 1 Stunde garbraten. In den letzten 10 Minuten die Folie oben öffnen, die Speckscheiben herunternehmen und das Fleisch etwas nachbräunen lassen. Den abgekühlten ganzen Braten auf einer großen Platte oder einem Holzbrett anrichten, in Scheiben schneiden.
Für die Garnierung die gewaschene Orange (ungespritzte Schale!) in Scheiben schneiden, diese noch einmal halbieren und wie auf dem Bild auf den Rehrücken legen. Die Sauerkirschen abtropfen lassen. Den Rotwein mit Zucker und Zimt aufkochen, mit der angerührten Speisestärke leicht binden. Die Sauerkirschen hineingeben, etwas abkühlen und den Rehrücken damit garnieren.
Zum Wild gehört Rotwein, z. B. Burgunder!

Wildschweinrücken, römische Art mit Pfifferlingsalat

4 EL Öl, 2 EL Rosmarin, 1 KL würzflüssigen Pfeffer, 2 Knoblauchzehen, 1 KL Salz, 1 Likörglas Cognac, 1–1 1/2 kg Wildschweinrücken, 40 g Schweineschmalz, 1 Tasse Wasser, 1 KL Instant Klare Brühe oder Bouillon-Würfel, 1/8 l Rotwein, 1/8–1/4 l Wasser, 1 Schächtelchen Rahmbratensoße, 2 EL Pinienkerne, 1 EL Rosinen, 1/2 KL grünen, frischen Pfeffer

Das Öl mit den Gewürzen, den zerdrückten Knoblauchzehen und Cognac verrühren. Den Wildschweinrücken unter fließendem kalten Wasser waschen, mit Küchenkrepp trocknen und das Fleisch mit der Marinade einreiben. In Alufolie eingepackt mindestens einen Tag einziehen lassen.
Zur Zubereitung das Schmalz erhitzen und das Fleisch darin rundherum kräftig anbraten. Heißes Wasser und Instant-Brühe zufügen, das Fleisch in ca. 1 1/2 Stunde garschmoren. Die Garzeit richtet sich auch etwas danach, ob das Fleisch gut abgehangen und nicht zu zäh ist. Den Rotwein nach etwa einer halben Stunde Garzeit zum Braten geben.
Den fertigen Braten abkühlen lassen und in Scheiben geschnitten auf Pfifferlingssalat anrichten.
Für die Soße den Bratenfond lösen und mit Wasser auf 1/4 l ergänzen. Die Rahmbratensoße darin nach Anweisung zubereiten, Pinienkerne, Rosinen und grünen Pfeffer in die Soße geben. Die Soße erkalten lassen und zwischendurch einige Male umrühren, damit sich keine Haut bildet. In einer Sauciere anrichten.

Pfifferlingsalat

1/1 Ds. Pfifferlinge, 1 Zwiebel, 4 EL Öl, 2 EL Kräuteressig, 1/2 KL Salz, 1 KL würzflüssigen Pfeffer, 1 Bd. Petersilie

Die Pfifferlinge auf einem Sieb gut abtropfen lassen. Die geschälte Zwiebel in sehr feine Würfel schneiden, mit Öl, Essig, Salz, Pfeffer und der feingehackten Petersilie verrühren. Über die Pfifferlinge geben, mischen und durchziehen lassen.
Dieser Salat ist eine ausgezeichnete Beilage für Wildbraten.

Erfrischend – süß und kalt

Gleich, ob in der kalten oder warmen Jahreszeit, das Dessert, seien es nun Früchte, ein frischer Obstsalat, eine lecker zubereitete Creme- oder Quarkspeise oder Eis, ist so etwas wie der gutdurchdachte süße Schlußpunkt eines Menüs, manchmal, wenn es besonders gut war, kann es auch zum Ausrufezeichen werden. Ja, sogar zum Fragezeichen; denn welcher Süßspeisenliebhaber hätte es nicht schon selbst erlebt, daß er sich nach dem Genuß einer besonders köstlichen Creme oder eines exotischen Fruchtsalates heimlich fragte: „. . . ob es wohl noch etwas mehr davon gibt?"

Gefüllte Melone „Trinidad" (Bild)

1 große Zuckermelone, 1/2 Wassermelone, 1 reife Papaya (oder Ds), 4 frische Feigen (oder Ds.), 1 EL gestiftelte Pistazien, *2 EL Zucker, 1 Päckchen Vanille-Zucker, 3 EL Zitronensaft (= 1 Zitrone), 1 Likörglas Curacao (oder Kirschlikör), 1 Likörglas Rum, 1/8 l Sahne*

Die Zuckermelone waschen. Mit einem spitzen Messer das obere Drittel der Melone tief einschneiden – wie auf dem Bild – und das obere Teil abheben. Mit einem Löffel das Kerngehäuse aus der Melone lösen. Das Melonenfleisch mit einem runden Kartoffelausbohrer herausschneiden, so daß lauter Kugeln entstehen. Sie können aber auch das Fruchtfleisch mit einem Messer auslösen und in Würfel schneiden.
Aus der Wassermelone ebenfalls das Kerngehäuse entfernen und aus dem Fruchtfleisch Kugeln ausstechen. Die Papaya schälen, entfernen und in Streifen, die gewaschenen Feigen in Scheiben schneiden.
Zucker, Vanille-Zucker, Zitronensaft und den Alkohol über das Fruchtgemisch geben und im Kühlschrank mindestens 1 Stunde durchziehen lassen. Die ausgezackte Zuckermelone ebenfalls gut durchkühlen, dann mit dem Fruchtsalat füllen. Die gestiftelten Pistazien darüberstreuen und die Melone mit steifgeschlagener Sahne servieren.

Fruchtsalat „Sommertraum" (Bild)

250 g frische Erdbeeren (oder tiefgefrorene), 250 g Himbeeren, 1 Tasse rote Johannisbeeren, 1 kl. Banane, 2 Scheiben Ananas (Ds.), 1 Likörglas Rum, 2–3 EL Zucker, 2 EL Zitronensaft, 2 EL Mandelblättchen

Erdbeeren, Himbeeren und Johannisbeeren waschen und gut abtropfen lassen. Die Erdbeeren halbieren, die Johannisbeeren von den Stielen streifen und alles in eine Schüssel geben. Die geschälte Banane sofort mit Zitronensaft beträufeln und mit den Ananasscheiben in Stücke schneiden.
Rum, Zucker und Mandelblättchen zum Fruchtsalat geben und alles locker mischen. Gut durchkühlen und ihn in Glasschälchen anrichten.
Tip: Geben Sie jeweils 1 Bällchen Vanille-Eis in die Glasschälchen und darüber den Fruchtsalat! So wird er besonders lecker und erfrischend.

Chinesischer Fruchtsalat

1 Ds. Litchis, 1 kl. Ds. Mandarinen, 250 g frische (tiefgefrorene) Erdbeeren, 1 EL feingehackte Pistazien, 1 EL Zucker, Saft von 1/2 Zitrone, 1 Likörglas Arrak (Rum), 4–6 EL süße Sahne

Die Litchis und Mandarinen auf einem Sieb gut abtropfen lassen und mit den gewaschenen, halbierten Erdbeeren und Pistazien locker mischen. Zucker, Zitronensaft, Arrak und die Sahne gut verrühren, über den Fruchtsalat geben und im Kühlschrank durchziehen lassen.
Litchis (auch Lychees geschrieben!) sind kirschenähnliche Früchte mit weißem Fruchtfleisch. Sie kommen aus China zu uns und werden in Dosen – seltener frisch – angeboten.
Wie alle exotischen Früchte schmecken auch Litchis am besten, wenn sie gut gekühlt serviert werden.
Tip: Auf Glastellerchen Vanille-Eis-Bällchen geben, darüber Litchis und mit Kroatzbeerlikör übergossen servieren.

Versteckte Birnen

4 halbe Birnen (Ds.), 4 KL roten Johannisbeergelee, 1 Likörglas Williams-Birnenschnaps, 1 Ds. Flair-Fruchtcreme mit Birnengeschmack, 1/4 l Milch, 1/8 l Sahne

Die Birnenhälften abtropfen lassen und mit der Kernhöhlung nach oben auf 4 Glastellerchen legen. In die Höhlung jeweils 1 KL Johannisbeergelee füllen. Gießen Sie die Flair-Fruchtcreme in eine Schüssel und die möglichst sehr kalte Milch dazu. Das ganze wird mit einem Löffel umgerührt und ist schon servierbereit. Die Birnencreme über die Birnenhälften verteilen und mit steifgeschlagener Sahne verzieren.
Tip: Die Fruchtcreme wird etwas weicher, wenn Sie die Dose als Meßbecher (= 0,3 l) für die Milch verwenden. Für ganz besondere Anlässe können Sie an Stelle der Milch 1/4 l Sahne (oder 1/8 l Milch und 1/8 l Sahne) verwenden.

Und hiermit können Sie auch mal unerwartete Nachmittagsgäste bewirten:

Blitz-Birnentorte

1 Biskuittortenboden (fertig gekauft), 1–2 große Ds. Birnenhälften, 1 Ds. Flair-Fruchtcreme mit Birnengeschmack, 1/4 l Milch (oder Sahne), 1/8 l Sahne, 3–4 Schokoladenstreusel (oder 1 Beutel Mandelblättchen)

Den Biskuitboden mit den gut abgetropften Birnenhälften belegen, Flair-Fruchtcreme in eine Schüssel geben. Die kalte Milch oder Sahne zufügen. Mit einem Löffel umrühren und die Creme über die Birnen verteilen. Den Rand mit Schokoladenstreuseln oder Mandelblättchen bestreuen. Falls vorhanden, noch mit Tupfen steifgeschlagener Sahne verzieren.
Die Zubereitung dieser Blitz-Birnentorte nimmt nicht mehr Zeit in Anspruch, als der Kaffee braucht, um durch den Filter zu laufen.

Apfel-Pie

300 g Mehl, 1 Msp. Salz, 3 EL Wasser, 200 g Butter (oder Margarine), 500 g leicht säuerliche Äpfel, 50 g Rosinen (oder Korinthen), 2 EL Rum, 100 g Zucker, 1/2 KL Zimt, 1 Msp. gem. Nelken, 50 g Butter

Für den Teig das Mehl auf ein Backbrett oder in eine Schüssel sieben, eine Vertiefung in die Mitte drücken, Salz und Wasser hineingeben. Die Butter in Flöckchen geteilt darübergeben. Aus den Zutaten rasch mit kalten Händen einen geschmeidigen Teig kneten und kaltstellen.
In der Zwischenzeit die Äpfel schälen, das Kerngehäuse entfernen und die Äpfel in kleine Würfel schneiden oder mit der Küchenmaschine grob raspeln. Die Rosinen im Rum einweichen, dann mit den Apfelstücken, Zucker, Zimt und Nelken mischen. 1/3 des Pie-Teiges in der Größe einer feuerfesten Auflaufform ausrollen. Aus der Teigdecke mit einer kleinen Form einige Teigstücke ausstechen.
Den restlichen Teig ausrollen, den Boden und die Seitenwände der Auflaufform damit auslegen. Den Teigboden einige Male mit einer Gabel einstechen. Das Apfelgemisch in die Form geben und mit Butterflöckchen belegen. Die Teigdecke darüberlegen und an den Rändern gut andrücken. (Eventuell mit Milch oder verquirltem Eigelb bestreichen!)
Im vorgeheizten Backofen (220–240° C, Gasherd Stufe 4–5) ca. 40 Minuten backen.
Apfel-Pie schmeckt warm und kalt. Wird er kalt als Dessert oder zum Kaffee gereicht, dann noch steifgeschlagene Sahne dazu reichen.

Pfirsich „Claudine" (Bild)

8 halbe Pfirsiche (Ds.), 250 g Quark (Magerstufe), 2–3 EL Zucker, 1 Päckchen Vanille-Zucker, 1 Zitrone, 1/8 l süße Sahne, 2 KL Nesquik-Kakao (oder geriebene Schokolade)

Die Pfirsiche gut abtropfen lassen und mit der Kernhöhlung nach oben auf eine große Glasplatte legen. Eventuell unten die Rundung jeweils etwas glattschneiden, damit die Hälften besser stehen. Den Quark mit Zucker, Vanille-Zucker und Zitronensaft verrühren. Die Sahne steifschlagen und locker unter den Quark heben. In einen Spritzbeutel mit großer Sterntülle füllen und die Quarkcreme in die Pfirsichhälften spritzen.
Mit Nesquik oder geriebener Schokolade bestreuen, eventuell mit Zitronenspalten verzieren. Gut gekühlt servieren.

Kirschbecher

1 kl. Glas Sauerkirschen (ohne Steine), 1 Ds. Flair-Fruchtcreme mit Kirschgeschmack, 2 Becher Joghurt (à 150 g), 1 Likörglas Kirschwasser (oder Rum), 40 g geriebene bittere Schokolade

Die Sauerkirschen gut abtropfen lassen und in 4 langstielige Dessertbecher jeweils 1 EL Kirschen geben.
Flair-Fruchtcreme in eine Schüssel gießen, Joghurt und Kirschwasser zufügen und mit einem Löffel kurz umrühren. Die Creme dickt sofort ein und wird nun zur Hälfte in die Dessertbecher gefüllt. Wieder eine Schicht Kirschen und darüber die restliche Creme verteilen.
Verzieren Sie diese Speise mit einigen Sauerkirschen und streuen die geriebene Schokolade darüber. Wer es mag, krönt die Becher noch mit einem dicken Tupfen geschlagener Sahne.
Tip: Schokolade läßt sich besser reiben (Handreibe oder Küchenmaschine), wenn sie vorher im Eisfach des Kühlschrankes gelegen hat!

Heidelbeer-Kaltschale

500 g frische (tiefgefrorene) Heidelbeeren, 100 g Zucker, 1/2 l Milch (Buttermilch), 1/8 l Sahne, 1 EL Zucker

Die verlesenen, gewaschenen Heidelbeeren mit Zucker bestreuen und etwas durchziehen lassen. In 4 Teller verteilen und die kalte Milch darübergießen. Steifgeschlagene Sahne mit dem Zucker süßen und jeweils ein Eßlöffel in einen Teller geben. Ein erfrischender Genuß für kleine und große Schleckermäulchen.

Knuspriges Kleingebäck

Verwandte und liebe Freunde haben manchmal die Angewohnheit, unerwartet zu einem Kurzbesuch zu erscheihen.
Was tut man als gute Gastgeberin oder Gastgeber in solchen Fällen? Man ist überrascht und mehr oder weniger – letzteres zeigt man möglichst nur in Ausnahmefällen – erfreut und bietet etwas zu trinken an.
Gleich, ob es sich nun um Kaffee, Tee oder alkoholische Getränke handelt, sie regen alle den Appetit an.
Vor allem aber bekommt Alkohol bekanntlich besser, wenn er nicht auf leeren Magen getrunken wird.
Ihre Gäste werden bei einem Kurzbesuch nicht großartige kalte Platten oder gar Menüs erwarten, aber erfreut sein, wenn zum Getränk ein paar Knabbereien angeboten werden. Es ist also immer gut, einen kleinen Vorrat an süßen und salzigen Gebäcken, Nüssen, Chips und ähnlichen Dingen im Hause zu haben.
In Vacuumverpackung können Sie heute natürlich alles fertig und in guter Qualität kaufen.
Aber wer Spaß daran hat und seine Gäste gerne individuell bewirtet, sollte sich die Zeit nehmen und einige Knabbereien selbst backen. In luftdicht schließenden Dosen lassen sich diese längere Zeit frischhalten.
Es gibt nur einen Nachteil dabei; denn wenn Sie für unerwartete Gäste immer Selbstgebackenes anzubieten haben, kann es passieren, daß die Überraschungsbesuche zunehmen. Aber das ist dann ein charmantes Kompliment für die Gastgeberin.

Käsemürbchen (Bild)

250 g Mehl, 1/2 KL Backpulver, 150 g Butter, 150 g geriebenen Emmentaler Käse, 4 EL Sahne oder Kondensmilch, 1/2 KL Salz, 1/2 KL Rosen-Paprika, 1 Eigelb, abgezogene süße Mandeln, je 1–2 KL Mohn, Kümmel, feingehackte Pistazien

Das Mehl mit dem Backpulver auf ein Backbrett sieben, in die Mitte eine Vertiefung drücken. Die Butter in Flöckchen teilen und mit dem geriebenen Käse über das Mehl verteilen, die Sahne, Salz und Paprika in die Vertiefung geben.
Aus den Zutaten mit kühlen Händen (vorher eine Weile unter fließendes kaltes Wasser halten und abtrocknen!) rasch einen geschmeidigen Teig kneten und 2 Stunden im Kühlschrank ruhen lassen.
Den Mürbeteig auf leicht bemehlter Unterlage ca. 1/2 cm dick ausrollen und beliebige Formen ausstechen.
Diese auf ein gefettetes Backblech legen. Das Eigelb mit einigen Tropfen Milch oder Wasser verrühren und die Plätzchen damit bepinseln. Danach mit halbierten Mandeln, mit Mohn, Kümmel, grobem Salz oder gehackten Pistazien bestreuen.
Im vorgeheizten Backofen (220–240° C, Gasherd Stufe 4–5) in 10–15 Minuten goldgelb backen.
Tip: Achten Sie beim Backen bitte darauf, daß die Plätzchen nicht zu dunkel werden. Das Käsegebäck könnte sonst leicht bitter schmecken.

Käse- und Mohnbrezeln (Bild)

1 Paket tiefgefrorenen Blätterteig, 1 Eigelb, 1 EL Milch, 60 g geriebenen Parmesankäse oder Emmentaler, Pfeffer, grobes Salz und 1–2 EL Mohn zum Bestreuen

Den Blätterteig aus dem Paket nehmen und nach Anweisung auftauen lassen. Den Teig – ohne ihn zu kneten – zu einem Quadrat ausrollen. Das Eigelb mit der Milch verrühren und dünn auf die Teigplatte pinseln. Die eine Hälfte der Teigplatte gleichmäßig mit dem geriebenen Käse bestreuen, etwas Pfeffer darüber mahlen (aus der Pfeffermühle!). Die unbestreute Teighälfte über die andere klappen und 2- bis 3mal mit dem Rollholz darüber walzen.
Mit einem scharfen Messer oder dem Teigrädchen der Länge nach Streifen (1–1½ cm breit) abschneiden und zu Brezeln formen. Ein Backblech mit kaltem Wasser überspülen – aber nicht abtrocknen – und die Brezeln darauflegen. Die Brezeloberseite mit dem Rest vom Eigelb bepinseln. Mit Mohn oder grobem Salz bestreuen.
Im vorgeheizten Backofen (220° C oder Gasherd Stufe 4) zu schöner Farbe backen, aber nicht dunkel werden lassen.
Diese Brezeln werden zu Bier oder Wein gereicht und machen den Durst erst schön!

Das Kalte Büfett

Hier soll nicht die Rede sein von den großen öffentlichen Empfängen und Banketten, bei denen es luxuriöse Kalte Büfetts gibt. Dieses Terrain überlassen wir gerne den Profis. Es soll vielmehr die Rede sein von den Anlässen im privaten Bereich, bei denen ein Kaltes Büfett angebracht ist.
Gastlichkeit heute ist zwangloser geworden als früher, aber trotzdem gibt es wichtige familiäre Ereignisse, die gefeiert werden müssen: Verlobung, Polterabend oder Hochzeitsempfang, Taufe oder ein Dienstjubiläum.
Es hat sich gezeigt, daß bei solchen Anlässen und gesellschaftlichen Verpflichtungen die Bewirtung der Gäste sich am elegantesten mit Hilfe eines Kalten Büfetts durchführen läßt.
Die Art des Büfetts wird häufig durch den Anlaß bestimmt, denn zu einem festlichen Sektempfang werden Speisefolgen und Getränkeauswahl anders ausfallen, als bei einem rustikalen Kalten Büfett.

Vorplanen ist wichtig

Gutes Gelingen jeder Gästebewirtung erfordert rechtzeitiges Planen und Vorbereiten.
Das beginnt beim Einladen der Gäste. Die Zahl sollte den Wohnverhältnissen entsprechen. In einem normalen Haushalt sollten es nicht mehr als 10–15 Gäste sein, da der Festablauf sonst unüberschaubar wird.
Größere Mengen Geschirr, Gläser und Bestecke sind aus Platzgründen im Stadthaushalt meist nicht unterzubringen.
Bei größeren festlichen Bewirtungen können diese Dinge ausgeliehen werden. Bei einer Party zum Beispiel könnte man aber auch Einweg-Bestecke und -Geschirr verwenden.
Beginnen Sie rechtzeitig mit dem Aufstellen der Speisenfolge. Bei einem Kalten Büfett wird alles gereicht, was auch sonst zu einem Menü gehört – also Suppe (kalt oder warm), Vorspeisen, Salate, Fisch-, Fleisch- oder Geflügelgerichte mit Beilagen, Dessert und Käse.

Danach folgen die Einkäufe der Nahrungsmittel und Getränke. Viele Speisen wie Braten, Soßen, Salate, Kuchen usw. lassen sich zubereiten und gut einfrieren. Bei Bedarf werden sie nur noch mit geringem Arbeitsaufwand tafelfertig angerichtet.
Für das festliche Kalte Büfett benötigt man einen großen Tisch. Auch 2 zueinander passende Tische, die aneinander oder im rechten Winkel gestellt werden, ein großer Schreibtisch oder eine große Kommode können als Tafel dienen.
Je nach Raumgröße und Gästezahl wird der Tisch an die Wand gerückt oder in die Raummitte gestellt. Bei einer größeren Gästezahl kann man im letzteren Fall dann von beiden Seiten an das Büfett treten.
Bei festlichen Anlässen sind immer weiße Tischtücher für das Büfett zu empfehlen, bei anderen Gelegenheiten können es auch farbige sein.
Kerzenhalter und flache Blumenschalen sind nur zur dezenten Untermalung gedacht und dürfen nicht behindern.
In die Mitte der Tafel werden die großen Prunkplatten gestellt. Dazu gehören alle großen Platten mit großen ganzen Braten, Wildbraten, Geflügel, Hummer und anderen Meerestieren.
Denken Sie daran, daß bei mehr als 10 Personen alle großen Platten zweimal aufgestellt werden sollten. Sonst könnte es durchaus zur „Schlacht am Kalten Büfett" um diese Leckerbissen kommen.
Nach beiden Seiten hin werden dann die übrigen Platten, Salate, kalte Soßen und Dips gestellt, Schälchen mit Gewürzgurken, Senffrüchten und Mixed Pickles haben dazwischen Platz. Buttertellerchen und Brotkörbe gehören ebenfalls dazu, könnten aber bei Platzmangel auch mit Tellern und Bestecken auf einem Nebentisch Platz finden.
Das Büfett wird im allgemeinen von links nach rechts begangen, also sollten Teller und Bestecke links auf dem Büfett (oder einem Nebentisch) aufgestellt werden, bei großen Büfetts sogar an beiden Enden.
Die große Käseplatte, Früchteschale und Dessert möglichst weit rechts auf dem Büfett anrichten, oder erst später aufstellen, wenn es schon etwas Platz gegeben hat.

Canapés

Zum Sektfrühstück am Morgen und bei Empfängen, die sich im Stehen abspielen, werden zu den Getränken mundgerechte Bissen angeboten, die sich auch beim Herumgehen und Plaudern leicht verzehren lassen.
Bewährt haben sich bei solchen Anlässen kleine, delikat belegte Weißbrot- oder Schwarzbrotscheibchen, die Canapés.
Genauso vielfältig wie die Auflage, kann ihre Form sein. Ob rund oder oval, rechteckig, quadratisch oder dreieckig ist nicht so entscheidend, die Hauptsache ist der meist exklusive Belag und das appetitanreizende Aussehen. Deshalb müssen sie besonders sorgfältig belegt und garniert werden. Bei Canapés, die schon zeitig vor dem Gebrauch angerichtet werden, ist es eigentlich selbstverständlich, sie mit Gelee oder Aspik zu überglänzen (siehe unter Madeiragelee!) und gut abgedeckt aufzubewahren.
Tip: Große Platten mit verschieden belegten Canapés sehen nicht besonders gut aus, wenn sie kunterbunt durcheinander liegen. Legen Sie jeweils eine Sorte in einer Reihe zusammen, oder auf eine Plattenhälfte (-viertel).
Einige leckere Canapé-Auflagen sehen Sie auf dem Bild (von links nach rechts):

Gänseleber-Canapés

6 Scheiben Weißbrot, 50 g Butter (siehe auch bei Trüffelbutter!), 200 g frische Gänseleber, Pfeffer und Salz, 2 KL Cumberlandsoße (Fertigsoße), 1 KL Mayonnaise, Tomatenpaprika, etwas Dill (oder Petersilie)

Das Weißbrot vom Vortag mit einem Ausstecher oval ausschneiden und die Scheiben goldgelb toasten. Abkühlen lassen und mit Butter bestreichen. Die Gänseleber in der restlichen Butter braten oder grillen, mit Pfeffer und Salz würzen und kalt werden lassen. Passend für die Canapés zurechtschneiden, diese damit belegen. In die Mitte jeweils etwas Cumberlandsoße geben, mit 1 Tupfen Mayonnaise (aus der Tube!), einem Stückchen Tomatenpaprika und Dillzweiglein garnieren.

Canapés Budapest

4 Scheiben Toastbrot, 50 g Butter (siehe Meerrettichbutter!), 1 Bd. Schnittlauch, 125 g Salami

Die Ränder vom Weißbrot abschneiden, die Scheiben mit Butter oder Meerrettichbutter bestreichen und halbieren. Den Schnittlauch sehr fein schneiden und die Weißbrotstücke damit an den Seiten bestreuen. Die hauchdünn geschnittenen Salamischeiben zu Rosetten oder Tüten drehen und auf den Weißbrotscheibchen anrichten.

Straßburger Canapés

6 Weißbrotscheiben, 200 g Gänseleberparfait (Ds., Glas), Mayonnaise aus der Tube, 1 eingelegte Tomatenpaprikaschote, 1 kl. schwarze Trüffel (in Döschen mit 12,5 g Einwaage!)

Die Weißbrotscheiben quadratisch (6 x 6cm) ausschneiden und sehr dick mit Gänseleberparfait bestreichen. Auf jedes Canapé mit der Tuben-Mayonnaise ein Kreuz (oder Rosette) spritzen, mit Streifen von Tomatenpaprika und feinen Trüffelscheiben garnieren.

Schweizer Canapés

8 Scheiben Weißbrot, 200 g Emmentaler Käse, 50 g Erdnüsse, 1 EL Walnüsse, 2–3 EL Mayonnaise, 1 Msp. Cayennepfeffer, 1 KL Zitronensaft, 8 Cocktailkirschen, 8 Walnußhälften

Aus dem Weißbrot runde Scheiben ausstechen. Den Käse in feinste Streifen schneiden, mit den gehackten Erdnüssen, gehackten Walnüssen und Mayonnaise vermischen, mit Cayennepfeffer und Zitronensaft abschmecken. Dick auf die Canapés streichen. Jedes Canapé mit einer Cocktailkirsche und Walnußhälfte garnieren.

Schinken-Canapés

4 Scheiben Toastbrot, 50 g Butter (siehe Meerrettichbutter!), 4 Scheiben gekochten Schinken, 1 kl. Ds. Spargelstücke (220 g), 1 hartgekochtes Ei, 1 EL Kaviar (deutschen oder echten!)

Die Weißbrotscheiben mit Butter bestreichen und mit Schinken belegen. Mit einem scharfen Messer die Ränder glattschneiden und die Scheiben halbieren. Die Canapés mit abgetropften Spargelstücken und Eischeiben belegen, mit etwas Kaviar garnieren.

Lachs-Canapés

8 Scheiben Weißbrot, 50 g Meerrettichbutter (siehe bei Buttermischungen!), 150 g geräucherten Lachs, 2 EL steifgeschlagene Sahne, 1 KL geriebenen Meerrettich, 1 Prise Zucker

Die Weißbrotscheiben rund ausstechen und mit Meerrettichbutter bestreichen. Möglichst hauchdünne Lachsscheiben (oder für den Hausgebrauch auch Seelachsscheiben!) zu kleinen Röllchen formen und auf die Canapés legen. Die Sahne mit dem Meerrettich und Zucker abschmecken. Jeweils 1/2 Kaffeelöffel davon auf ein Canapé geben.

Auch dieses Canapé kann sehr empfohlen werden:

Geflügel-Canapé

8 Scheiben Weißbrot, 4 EL Mayonnaise, 1 KL Curry, 200 g gekochte Geflügelbrust, 1 Orange, Tuben-Mayonnaise

Die Weißbrotscheiben rund oder oval ausstechen. Die Mayonnaise mit Curry und der feingeschnittenen Geflügelbrust vermischen und auf die Weißbrotscheiben verteilen. Die geschälte Orange waagerecht in Scheiben schneiden. Auf jedes Canapé eine Orangenscheibe legen und mit Mayonnaisetupfen garnieren. Eventuell noch mit etwas Currypulver bestäuben.

Dekorative Medaillons

Medaillons sind zarte Fleischstücke, hübsch dekoriert, genau das richtige für kalorienbewußte Feinschmecker. Und so werden sie gemacht:

1/2 Rinderlende (Filet, 800–1000 g), EL Öl, 1 KL Salz, 1 KL würzflüssiger Pfeffer, 1/2 KL grobgemahlener Pfeffer, 1 Likörglas Cognac, Alufolie

Das Rinderfilet unter fließendem Wasser kurz waschen und mit Küchenkrepp abtrocknen. Sämtliche Häute und Sehnen sorgfältig entfernen. Das Öl mit den anderen Zutaten verrühren und das Filet damit rundherum bepinseln (einreiben).
In ein großes Stück Alufolie locker einschlagen oder auf den Rost der Bratenpfanne legen und im vorgeheizten Backofen (220–240° C, Gasherd Stufe 4–5) braten. Da das Fleisch innen noch etwas rosig sein soll, rechnen Sie bei einem gut abgehangenen Filet 10–12 Minuten Bratzeit pro Zentimeter Fleischhöhe.
Wenn das Fleisch nicht in Alufolie zubereitet wird, sollten Sie es zwischendurch mit der Ölmischung einpinseln.
Die Lende nach dem Braten vollständig erkalten lassen und dann in ca. 1 cm dicke Scheiben schneiden. Die größeren Scheiben des Rinderfilets eventuell halbieren.
An Stelle von Rinderlende können Sie auch Kalbs- oder Schweinelende auf diese Art zubereiten.
Werden Medaillons schon zeitig vor dem Gebrauch zubereitet, so ist es auf jeden Fall angebracht, sie mit Gelee zu überglänzen. Das frische Aussehen bleibt dann erhalten, da sie nicht so schnell austrocknen können. Außerdem haftet die Garnitur auch besser auf den Fleischstückchen.
Fertig angerichtete Medaillon-Platten sollten aber zusätzlich bis zuletzt mit Sicht- oder Alufolie abgedeckt kalt gestellt werden!

Madeira-Gelee

(zum Überglänzen von Medaillons, Canapés, kaltem Braten, Geflügel und Fisch)

1/4 l Fleischbrühe, 1/8 l Madeirawein, 1/2 KL Salz, 4–6 Blatt weiße Gelatine

Die heiße Fleischbrühe zum Entfetten durch Filterpapier oder ein Tuch laufen lassen. Mit dem Madeira und Salz vermischen, einmal aufkochen. Die Gelatine in kaltem Wasser einweichen, gut ausdrücken und in der heißen Flüssigkeit auflösen. Fast erkalten lassen und zum Überglänzen verwenden.
Tip: Falls beim Überglänzen nicht die gesamte Flüssigkeit verbraucht wird, gießen Sie diese in einen flachen Teller und lassen sie erstarren. Feingehackt ergibt Madeiragelee eine dekorative Unterlage auf großen Platten für Braten und Geflügel.

Einige Anregungen für das Dekorieren von Medaillons gibt das Bild. Für jeweils 10–12 Medaillons werden an Zutaten benötigt:

Medaillon mit Mandarinen

Die Fleischscheiben mit abgetropften Mandarinenscheibchen aus der Dose belegen, jeweils mit einer Cocktailkirsche garnieren und mit Gelee überglänzen.

Medaillon mit Morchel

Die Filetscheiben mit einer Scheibe Bleichsellerie (oder Sellerie) aus der Konserve belegen. 1 Döschen (65 g) Kalbsleberpastete in Dreiecke oder Quadrate schneiden, auf die Selleriescheiben legen und mit einer Morchel (oder schwarzen Olive) garnieren. Mit Madeira-Gelee überglänzen.

Medaillon mit Kirsche

Die Medaillons vor dem Belegen mit Gelee überglänzen. 1–2 Carrée Frischkäse mit etwas Kondensmilch oder Sahne geschmeidig rühren und in einen Spritzbeutel mit Sterntülle füllen. Auf die Fleischscheiben Rosetten spritzen und die Mitte mit einer Cocktailkirsche garnieren.

Medaillon mit Ei

Die Filetscheiben mit Tomatenscheiben belegen. Hartgekochte Eier achteln. Jeweils ein Achtel und eine grüne Olive zum Garnieren verwenden, anschließend mit Gelee überglänzen.

Medaillon mit Trüffel

150 g Kalbsleberpastete in Quadrate schneiden und auf die Filetscheiben legen. Mit Eischeiben und hauchdünn geschnittener schwarzer Trüffel dekorieren. Mit Gelee überglänzen.

Medaillon mit Perlzwiebel

Filetscheiben mit Tomatenscheiben belegen, feingehackten Madeira-Gelee darüberstreuen und mit Perlzwiebeln dekorieren.

Medaillon mit Bleichsellerie

Cornichons (winzig kleine Essiggurken!) fächerartig einschneiden und auf die Filetscheiben legen. Darauf eine Scheibe Bleichsellerie (oder Sellerie) aus der Konserve legen. Mit Gelee überglänzen.

Medaillon mit Käse

Die Filetscheiben mit Madeira-Gelee überglänzen. 1–2 Ecken (Carrée) Frischkäse mit Kondensmilch und 1 KL geriebenen Merrettich geschmeidig rühren. In einen Spritzbeutel mit Sterntülle füllen und als Rosette auf die Fleischscheiben spritzen. Mit Kapern garnieren und anrichten.

Das rustikale Kalte Büfett

Warum es so beliebt ist? Nun, rustikale Kalte Büfetts entsprechen einfach mehr unserem Zeitstil, als das große festliche Kalte Büfett, bei dem es doch meist recht steif zugeht.
Für den privaten Bereich ist das rustikale Büfett im allgemeinen vorzuziehen, da es weniger aufwendig in bezug auf die Umgebung und die Vorbereitungen sein kann.
Rustikale Büfetts sind zu empfehlen bei der Party im Bierkeller, beim Herren-Umtrunk zu Hause oder in der Firma, bei Festen im Wochenend- oder Ferienhaus, bei Verlobungsfeiern im Freundeskreis und sonstigen häuslichen Parties.
Am besten passen dazu derbe, karierte Tischdecken, Holzbretter, Bierkrüge oder Zinnbecher, die auch das Feiern aushalten. Angerichtet wird das rustikale Büfett auf großen Eichentischen, Holzfässern oder Holzkisten, großen Truhen oder Gartenbänken.
Unkompliziert wie der Stil des rustikalen Büfetts, kann auch die Zubereitung der Platten sein, wie auf dem Bild als Vorschlag zu sehen ist.
Alles kann fertig gekauft und in kürzester Zeit appetitlich angerichtet werden. Für 6 Personen brauchen Sie:

Schinkenplatte (Bild)

200 g gekochten Schinken, 200 g Katenschinken, 150 g Parma- oder Schwarzwälder Schinken, 150 g Graubündner Schinken,
100 g hauchdünn geschnittenes Bündner Fleisch, 1 kl. Essiggurke,
1 hartgekochtes Ei, 1 große Orange, 150 g Fleischsalat, Petersilie oder Dill

Die Schinkensorten dekorativ auf einem Holzbrett anrichten, mit Gurkenfächer, Eischeiben und Petersilie garnieren. Die Orange halbieren, aushöhlen und mit dem Fleischsalat füllen. Etwas Dill als Garnitur dazu stecken und die Orange mit auf die Platte setzen.

Wurstplatte (Bild)

150 g Gelbwurst, 150 g Bierschinken (Schinkenwurst),
150 g Zungenpastete, 150 g dünn geschnittene Salami oder Graubündner Salzis, 1 Tomate, 1 hartgekochtes Ei, 1 Essiggurke

Die Wurstsorten nach eigener Wahl auf dem Brett oder einer Platte anrichten und mit Tomaten, Eiachteln und Gurkenfächer garnieren.

Fischplatte (Bild)

1 Räucheraal (ca. 300 g), 50 g Räucherlachs, 1 geräucherte Forelle, 1 Bückling

Den Räucheraal in Stücke schneiden, eventuell häuten und die Gräte entfernen. Den Räucherlachs zu Röllchen formen, die Forelle häuten und vorsichtig entgräten. Zusammen mit dem ausgenommenen Bückling auf einem großen Holzteller anrichten.

Zigeunersalat (Bild S. 55)

1 rote und 1 grüne Paprikaschote, 200 g Salami, 200 g Edamer Käse. 1 kl. Glas grüne Oliven, 1 kl. Glas Perlzwiebeln,
2 Gewürzgurken, 6 EL Öl, 2 EL Essig, 1 KL Salz,
1–2 KL würzflüssigen Pfeffer, 1/2 KL würzflüssigen Paprika,
1/2 KL Zucker

Die Paprikaschoten entkernen, waschen und mit der Salami und dem Käse in feine Streifen oder kleine Würfel schneiden. Oliven und Perlzwiebeln abgetropft zufügen. Die Gewürzgurken in kleine Würfel schneiden, mit dem Öl, Essig und Würzzutaten zu einer scharfen Marinade verrühren. Über die Salatzutaten geben, locker mischen und einige Stunden im Kühlschrank durchziehen lassen. Eventuell noch einmal abschmecken und in einer rustikalen Schüssel anrichten.

1966

Kosakensuppe (Bild)

2 Paar Debreziner Würstchen, 3 EL Öl, 2 Zwiebeln, 1 rote Paprikaschote, 1 KL scharfen Rosenpaprika, 1 Ds. konzentrierte Gulaschsuppe, Wasser, einige Tropfen Tabasco, 1/8 l süße Sahne

Die Debreziner in dünne Scheiben schneiden und im heißen Öl anbraten. Die Zwiebeln schälen, die Paprikaschote entkernen und waschen und zusammen in kleine Würfel schneiden. Mitschmoren. Nach 5 Minuten Paprika und das Suppenkonzentrat zufügen, die Dose mit Wasser füllen und zur Suppe geben. Verrühren und einmal aufkochen lassen. Sehr scharf abschmecken.
Die Sahne steifschlagen und in jede angerichtete Suppentasse einen Klecks Sahne geben.
Tip: Geben Sie noch 2 Likörglas Wodka mit in die Suppe. So eine Suppe ist auch vorzüglich als Rausschmeißer nach Mitternacht geeignet, nicht weil sie so schlecht ist, daß die Gäste fluchtartig das Fest verlassen, sondern weil so eine Suppe für den Heimweg (und eventuelle Autofahrt) munterer macht, als der oft gereichte Abschlußkaffee!

Käseplatte (Bild S. 53)

200 g Greyerzer oder Emmentaler Käse, 200 g Gouda (mittelalter oder junger), 200 g Edamer Käse, 100 g Roquefort oder Gorgonzola-Käse, 1 Camembert, 1 Tomate, Petersilie

Die Käsesorten auf einem großen Brett anrichten, mit Tomate und Petersilie garnieren.
Welche Käsesorten ausgewählt werden, richtet sich nach dem persönlichen Geschmack. Weitere Anregungen finden Sie bei den anderen Büfett-Vorschlägen.
Während die Wurst-, Schinken- und Fischplatte bis zum Gebrauch abgedeckt kaltgestellt werden, sollte die Käseplatte zwar abgedeckt, aber nicht in den Kühlschrank gestellt werden.
Übrigens: Ein Früchtekorb paßt zu jedem Büfett – auch zu diesem rustikalen!
Verschiedene Brotsorten, Brötchen und Butter gehören dazu; ob bei den Getränken Wein oder Bier, eventuell auch einer Bowle der Vorzug gegeben wird, ist der eigenen Entscheidung überlassen.

Nudelsalat, Hausmacher Art (Bild)

250 g Nudeln, 1 KL Salz, 1 KL Öl, 1 kl. Ds. Erbsen, 2 Paar Frankfurter Würstchen, 1 Apfel, 1 Zwiebel, 1 Bt. Mayonnaise, 2 EL Tomatenketchup, 2 EL Chilisoße, 1 KL Salz, 1/3 KL würzflüssigen Paprika, 1 Msp. Cayennepfeffer, 1 Msp. Zucker, Salatblätter

Die Nudeln nach Anweisung in leichtgesalzenem Wasser kochen, etwas Öl in das Kochwasser geben, damit die Nudeln nicht zusammenkleben. Kalt abschrecken und abtropfen lassen.
Die Würstchen in dünne Scheiben schneiden, Apfel und Zwiebel schälen, fein würfeln und alles mit den abgetropften Erbsen zu den Nudeln geben.
Die Mayonnaise mit den anderen Zutaten verrühren, über die Nudeln geben, locker mischen und den Salat gut abschmecken. Einige Stunden im Kühlschrank durchziehen lassen.
Portionsweise auf Salatblättern oder in einer Schüssel anrichten.

Deftige Brotplatte (Bild)

ca. 12 Scheiben Vollkornbrot (oder Bauernschnitten), 125 g Butter, 200 g rohen Schinken, 1 gegrilltes Hähnchen, 1 Ds. Seelachsscheiben, 1 Ds. Heringsfilet, 1 Ds. Matjesfilets (oder 3–4 frische), 4 Eier (2 davon hartgekocht) zum Garnieren: 1 kl. Rettich, 1 Banane, 1 Stück Salatgurke, 2 Tomaten, kl. Gewürzgurken, Mandarinenspalten, Salatblätter

Die Brotscheiben mit Butter bestreichen und bunt (wie auf dem Bild) belegen.
Z. B. mit rohen Schinkenscheiben oder Schinken, der kurz gebraten und mit geriebenem Rettich oder Spiegelei belegt wurde.
Oder die Hähnchenteile auf die Scheiben legen, mit Mandarinen, Salatblättern und Bananenscheiben garnieren, etwas Curry darüber streuen.
Oder: Seelachsscheiben zum Belegen, mit Eischeiben und etwas deutschem Kaviar garnieren.
Oder: die Brotscheiben mit Salatgurkenscheiben belegen, Matjesfilets (nach Wahl anderen pikanten Fisch!) darüberdecken und mit 1/2 Tomate garnieren.
Oder: Brotscheiben mit Leberkäse belegen, mit fertigen Röstzwiebeln bestreuen und mit Tomatenachteln garnieren.

Andere Brotbelage siehe unter „Belegte Brote“.

Käse-Schlange

300 g Steppen-Käse (Tilsiter) am Stück, 1/2 Ds. Mandarinenspalten, 1 kl. Glas grüne Oliven, einige Weintrauben, Cocktailkirschen und Perlzwiebeln, 1 Salatgurke, Holzspießchen

Den Käse in gleichgroße Würfel schneiden. Jeweils eine Mandarinenspalte und einen Käsewürfel aufspießen und wie auf dem Bild, den Schlangenrücken damit bestecken. Außerdem noch kleine Spieße mit den anderen Zutaten herstellen und die Gurke damit bestecken.
Außerdem gibt es noch Stangenweißbrot, für 6 Personen benötigen Sie zwei davon. Die Mengenangaben für dieses kalte rustikale Büfett sind ausreichend für 6 Personen.

„Brotzeit“ ist überall dort passend, wo in rustikalem Stil gefeiert wird, also im Bierkeller, beim Herren-Umtrunk, im Wochenendhaus, beim Feiern mit Freunden und Bekannten.

Heringssalat nach Hausfrauenart

4 Matjesfilets, 2 gekochte Kartoffeln, 2 kl. säuerliche Äpfel, 1 Zwiebel, 2 gekochte Rote Bete (= rote Rüben), 2 Gewürzgurken, 1 Bd. Petersilie, 2 hartgekochte Eier, 4 EL Öl, 1 EL Essig, etwas Pfeffer und Salz, eventuell 3 EL saure Sahne

Matjesfilets mindestens 30 Minuten wässern, falls sie sehr salzig sind in Milch legen, da dadurch der Geschmack milder wird. Unter fließendem Wasser abwaschen und mit Küchenkrepp abtrocknen. In kleine Stücke schneiden.
Die gekochten Kartoffeln, geschälten Äpfel, Zwiebel und rote Rüben in kleine Würfel, die Gewürzgurken in feine Streifen schneiden. Die Petersilie feinhacken und locker mit den Zutaten vermischen.
Aus Öl, Essig, Pfeffer und Salz eine Marinade bereiten – wer es mag, gibt noch die saure Sahne dazu – über den Salat geben, mischen und gut durchziehen lassen. Mit Eischeiben garnieren.
Heringssalat ist bei Faschings- und Hausparties beliebt; reichen Sie frische Wasserwecken dazu.

Leberkäse, hausgemacht (Bild)

500 g Rindfleisch, 500 g Schweinefleisch, 300 g Schweineleber, 65 g Schinkenspeck, 2 große Zwiebeln, 2 Eier, 1 Bd. Petersilie, 1 Tasse Paniermehl, 1 Kl Majoran, 1 Msp. Thymian, 1 Msp. Rosmarin, 1 Msp. Liebstöckel, 1 KL Salz, 2 KL würzflüssiger Pfeffer, 1 Msp. Cayennepfeffer, 1/2–3/4 l Klare Fleischbrühe, 1–2 EL Schweineschmalz

Das Rind- und Schweinefleisch und die gehäutete Leber kleinschneiden. Die Zwiebeln schälen und zusammen mit dem Schinkenspeck würfeln. Alles möglichst zweimal durch die Fleischhackmaschine drehen, damit die Masse recht fein ist.

Die Masse mit den Eiern, der feingehackten Petersilie, dem Paniermehl und den Gewürzen zu einem herzhaften Fleischteig verarbeiten. Nach und nach die Fleischbrühe zugießen und den Teig ca. 30 Minuten ziehen lassen.

Eine Kastenform (oder Pastetenform) mit dem erhitzten Schweineschmalz ausstreichen. Den Fleischteig einfüllen und im vorgeheizten Backofen (220–240° C, Gasherd Stufe 4–5) 1-11/2 Stunden backen. Die Kruste noch mit Schmalz bestreichen, damit sie schön glänzt.

Den fertigen Leberkäse auf eine Platte oder großes Holzbrett stürzen und in Scheiben schneiden. Er schmeckt heiß und kalt sehr gut.

Pfefferbraten

1 kg Schweinekamm (ohne Knochen), 1 KL Salz,
2 KL würzflüssigen Pfeffer, 2 EL Öl, frischgemahlenen Pfeffer

Das Fleisch kurz unter fließendem Wasser abwaschen und mit Küchenkrepp trocknen. Rundherum kräftig mit Salz und dem flüssigen Pfeffer einreiben. Das Fleisch auf den Rost der Bratenpfanne legen und im vorgeheizten Backofen (220–240° C, Gasherd Stufe 4–5) braten. Pro Zentimeter Fleischhöhe 12–15 Minuten Bratzeit rechnen.
Den fertigen Braten rundherum mit Öl bepinseln und dick mit frischgemahlenem Pfeffer einreiben. Den Braten abkühlen lassen und in Scheiben geschnitten anrichten.
Geriebener Meerrettich dazu ist nicht zu verachten.

Gefüllter Rettich

(Bild)

2 große weiße Rettiche, 150 g Butter, 2 EL Kondensmilch,
1/2 KL Salz, 1/2 KL Pfeffer, 150 g Edamer Käse, 150 g gekochten Schinken (kalten Schweinebraten oder Fleischwurst),
1 Gewürzgurke, 2 EL eingelegte Paprikastreifen, 1 Bd. Schnittlauch oder Petersilie

Zum Füllen sollten möglichst große, gleichmäßig gewachsene Rettiche genommen werden, die natürlich nicht holzig sein dürfen. Die Rettiche waschen, das Stielende abschneiden. Mit einem scharfen Messer oder Kaffeelöffel die Rettiche vorsichtig so weit wie möglich aushöhlen. Innen leicht salzen.
Die Butter mit Kondensmilch, Salz und Pfeffer verrühren. Käse, Schinken, Gewürzgurke und Paprika in kleine Würfel schneiden, den Schnittlauch feinschneiden und unter die Butter rühren.
Diese Masse mit einem Löffel fest in die Rettiche drücken und einige Stunden durchkühlen lassen. Auf einem großen Holzbrett anrichten, ein scharfes Messer zum Aufschneiden dazu legen. Bauernbrot, Butter, Bier und einen Klaren dazu reichen!

Das elegante Kalte Büfett

Es hängt vom Anlaß ab, wie raffiniert und vielseitig Sie ein Kaltes Büfett gestalten wollen. In jedem Fall hat es die Vorteile, daß sich die Gäste selbst bedienen und so die Hausfrau unbeschwert die Feierlichkeit genießen kann. Aufgebaut werden die Speisen so, daß die Gäste im Uhrzeigersinn um den – freistehenden – Tisch herumgehen können und nacheinander anfinden: Teller mit Besteck und Servietten, Vorspeisen, Hauptplatten und Nachtisch oder Käse. Auf das elegante Kalte Büfett passen auch gut Medaillons und Canapés und natürlich Salate wie in den vorangegangenen Kapiteln beschrieben. Hier folgen noch ein paar Anregungen für Leckerbissen, wie auf dem Bild dargestellt.

Gefülltes Weißbrot (Bild)

1 kl. Weißbrot (500 g), 100 g Butter, 1 EL Senf, 1 KL würzflüssigen Pfeffer, 1 Msp. Salz, 1 Msp. Zucker, 200 g Cornedbeef (oder gekochten Schinken), 2 Gewürzgurken, 1 kl. Apfel, 1 rote gekochte Bete (oder 1/2 Tasse gekochte aus dem Glas), 2 hartgekochte Eier, Kräckers

Das Weißbrot sollte möglichst vom Vortag sein. Schneiden Sie an einem Ende ein Stück ab und höhlen das Brot mit einem Löffel aus. Auch mit einem Messer läßt sich das weiche Innere herausschneiden; aber beim Aushöhlen aufpassen, daß das Brot nicht bricht.
Die Butter schaumig rühren, Senf, würzflüssigen Pfeffer (oder gemahlenen), Salz und Zucker unterrühren. Cornedbeef, die Gewürzgurken, den geschälten Apfel und die rote Bete in kleine Würfel schneiden, die geschälten Eier feinhacken. Alles mit der Butter verrühren. Das Weißbrot mit dieser Mischung füllen und mit einem Löffel fest hineindrücken. Das gefüllte Weißbrot in Alufolie einwickeln und einige Stunden im Kühlschrank durchkühlen lassen. Zum Aufschneiden sollten Sie ein sehr scharfes Messer (mit Sägeschneide) benutzen und es vor dem Gebrauch kurz in heißes Wasser tauchen. Die Scheiben werden dann schöner. Möglichst nicht zu dünne Scheiben schneiden.

Schinkenbananen auf Toast (Bild)

4 Bananen, 1 KL Salz, 8 Scheiben Frühstücksschinken (oder 4 Scheiben Katenschinken), 1–2 KL Kräutersenf, 4 Scheiben Toastbrot, 40 g Butter, Salatblätter, Petersilie

Die Bananen schälen, halbieren und kurz in leichtgesalzenes kaltes Wasser tauchen, damit sie nicht braun werden (oder mit Zitronensaft beträufeln).
Die Schinkenscheiben dünn mit Senf bestreichen. Je eine halbe Banane in einer Schinkenscheibe einrollen. Toastbrot mit Butter bestreichen, eventuell vorher toasten. Jede Weißbrotscheibe mit zwei Schinkenbananen belegen oder die Scheiben halbieren und jeweils eine Schinkenbanane darauflegen.
Auf Salatblättern anrichten und mit Petersiliensträußchen garnieren.
Tip: Falls ein Tischgrill vorhanden ist, könnten die Schinkenbananen zwischendurch gegrillt werden. Dazu dann noch Curry-Mayonnaise reichen!

Käse-Igel (Bild)

1 Pampelmuse (Grapefruit), 250 g Gouda-Käse am Stück, 1 Banane, einige Weintrauben, Cocktailkirschen und Gewürzgurkenscheibchen, Cocktailspieße

Den Käse in gleichgroße Würfel (ca. 2 x 2 cm) schneiden. Auf Cocktailspieße jeweils einen Käsewürfel mit Bananenscheibe, Weintraube, Cocktailkirsche oder Gurkenscheibe aufspießen.
Die Pampelmuse unten eventuell etwas gleichschneiden, damit sie einen besseren Stand hat und mit den bunten Käsespießchen bestecken.

Tip: Für ein größeres kaltes Büfett bevorzugt man schöne Ananasfrüchte, die mit Käsespießen besteckt werden. Sie ergeben eine zusätzliche hübsche Dekoration.

Gelee-Pampelmuse

1 große Pampelmuse, 1 Päckchen rote Götterspeise, 3/8 l Wasser, 1/8 l Rotwein, etwas Zucker, 1 Likörglas Sherry (oder Madeira)

Die Pampelmuse halbieren und aushöhlen, das Fruchtfleisch eventuell mit zum Salat geben. Die Götterspeise nach Anweisung zubereiten, mit Sherry abschmecken, in die Schalen gießen und erstarren lassen. Die Hälften vierteln und als Garnitur verwenden.

Käsetrüffel

(auf der Käseplatte, Bild)

100 g Butter, 50 g Roquefort (oder Schimmelkäse), 2 EL Quark, 1 Msp. Pfeffer, etwas Salz, 1 Msp. gemahlenen Ingwer, 4 Scheiben Pumpernickel (oder dunkles Vollkornbrot)

Die Butter schaumig rühren. Den Käse mit einer Gabel zerdrücken und mit dem Quark und Gewürzen unter die Butter rühren (für eine größere Menge die Küchenmaschine benutzen!). Aus der Masse kleine Kugeln formen und kaltstellen.
Pumpernickel feinkrümelig reiben oder im Mixer zerkleinern und die Käsekugeln darin wälzen. Bis zum Anrichten kaltstellen.
Tip: Verwenden Sie an Stelle von Pumpernickel einmal feingehackte Kräuter oder Paprikapulver. Das sieht ebenfalls sehr nett aus und schmeckt apart.

Käsestreifen schwarz-weiß

4 Scheiben Pumpernickel (Vollkornbrot), 40 g Butter, 1 EL Mayonnaise, 4 Scheiben Gouda-Käse (oder 125 g Streichkäse)

Von den Brotscheiben eine Seite mit Butter bestreichen, bei 2 Scheiben die Unterseite noch zusätzlich mit der Mayonnaise. Auf die erste Brotscheibe eine Scheibe Käse legen, mit einer beidseitig bestrichenen Brotscheibe bedecken, darauf wieder eine Käsescheibe, beidseitig bestrichene Scheibe, Käsescheibe und zum Abschluß die letzte Pumpernickelscheibe mit der bestrichenen Seite nach unten darüberlegen. Das ganze fest zusammendrücken und die Seiten glattschneiden. Dieses dicke Brot mit einem sehr scharfen Messer halbieren und in schmale Streifen, Dreiecke oder Quadrate schneiden.
Tip: Stecken Sie Holzspießchen durch die Stücke. Sie halten dann besser zusammen und lassen sich leichter verspeisen.

Windbeutel mit Käsecreme

1/4 l Wasser, 50 g Butter (Margarine), 1 Prise Salz, 150 g Mehl, 3–4 Eier, 250 g Sahnequark, 100 g geriebenen Edamer Käse, 1 KL würzflüssigen Paprika, 1 KL Salz, 1 Ingwerknolle (in Zuckersirup eingelegt, es gibt sie in Feinkostgeschäften), Paprikapulver

Das Wasser mit der Butter und Salz aufkochen, von der Kochstelle nehmen, das Mehl auf einmal hineingeben und glattrühren. Den Topf wieder auf die Kochstelle setzen. Unter ständigem Rühren solange erhitzen, bis sich ein Kloß bildet und am Topfboden eine leichte Haut entsteht. Den Teigkloß in eine Schüssel geben und die Eier nacheinander unterrühren.
Ein Kuchenblech einfetten und leicht mit Mehl bestäuben. In gleichmäßigen Abständen 12–16 Teighäufchen auf das Blech spritzen. Nehmen Sie am besten den Spritzbeutel dafür oder 2 Kaffeelöffel. Im vorgeheizten Backofen in ca. 30 Minuten (220–240° C, Gasherd Stufe 4–5) backen. Den Backofen frühestens dann öffnen um nachzuschauen, wenn das Mehl auf dem Backblech anfängt zu riechen (ungefähr nach 20–25 Minuten), sonst fallen die Windbeutel zusammen.
Die gebackenen Windbeutel sofort mit einer Schere oder scharfen Küchenmesser aufschneiden und das weiche Innenhäutchen entfernen.
Für die Füllung den Sahnequark mit dem Käse, den Gewürzen und der feingehackten Ingwerknolle verrühren. In einen Spritzbeutel füllen und in die Windbeutel spritzen. Die Deckelchen wieder richtig aufsetzen und etwas Paprikapulver über die gefüllten Windbeutel stäuben.

Reis-Geflügelsalat

(Bild)

1 Kochbeutel Reis, etwas Salz, 1 kl. Ds. Mandarinen, 1 kl. Ds. Champignons, 250 g gekochtes Geflügelfleisch, 100 g blaue Weintrauben, 1/8 l saure Sahne, 1 KL Salz, 1/2 KL Pfeffer, 1 KL würzflüssigen Sellerie (Selleriesalz)

Den Reis nach Anweisung in leichtgesalzenem Wasser kochen und abtropfen lassen. Mandarinen und Champignons ebenfalls abtropfen, das Geflügelfleisch in Würfel schneiden und alles zum Reis geben. Weintrauben halbieren, entkernen und zufügen. Die Sahne mit den Gewürzen verrühren, über die Salatzutaten geben und locker mischen. Den gut abgeschmeckten Salat kaltstellen. Wer noch etwas Zeit hat, kann für die Garnierung des Salates noch eine Gelee-Pampelmuse bereiten!

Große Schinkenplatte

(Bild, für 10 Personen)

800 g Holsteiner Katenschinken am Stück, 400 g Grillschinken, 400 g Schwarzgeräuchertes, 400 g Ardennenschinken oder Schinkensorten nach eigener Wahl

Bis auf den Katenschinken die einzelnen Schinkensorten bereits im Fachgeschäft in Scheiben schneiden lassen.
Auf einem großen rustikalen Holzbrett oder einer großen Platte die Schinkenscheiben so appetitlich anrichten, wie auf dem Bild. Das Katenschinkenstück im ganzen dazu legen.

Schinkenröllchen

300 g Parmaschinken, 1/4 l süße Sahne, 1 Päckchen Sahnesteif, 2 EL geriebenen Meerrettich, 1 kl. Apfel, 1 Prise Salz, 1 Prise Pfeffer

Die Sahne steifschlagen, Sahnesteif, Meerrettich, den geriebenen Apfel unterziehen, mit Salz und Pfeffer abschmecken. Die Schinkenscheiben mit der Meerrettichsahne bestreichen und zu Tüten aufrollen. Mit auf die große Platte legen.

Gefüllte Avocados

1 große weiche Avocado, 100 g gekochten Schinken, 1/2 Tasse tiefgefrorene feine Erbsen, 3 EL Mayonnaise, 1 EL Weinbrand, 1 Msp. Cayennepfeffer, Dillsträußchen

Die Avocado der Länge nach halbieren und den Kern herausnehmen. Mit einem Löffel das Fruchtfleisch vorsichtig aus den Schalen lösen und mit dem gekochten Schinken in kleine Würfel schneiden, die Erbsen zufügen. Mayonnaise, Weinbrand und etwas Cayennepfeffer darüber geben und alles locker mischen. Diesen Salat wieder in die Avocado-Hälften füllen, mit Dillsträußchen garnieren und auf die große Schinkenplatte setzen.
Cornichons, Petersilie, Eischeiben usw. können Sie zum Garnieren der Platte verwenden.
Zu einer Schinkenplatte werden dunkle Brotsorten gereicht, z. B. Vollkornbrot, Katenschinkenbrot, Pumpernickel, Leinsamenbrot, aber auch Zwiebelbrot, Gewürzbrote und frisches Steinofenbrot passen gut zum Schinken. Butter oder Buttermischungen, Bier und ein Klarer dazu, aber auch herbe Weine ergänzen den Genuß.

Käse paßt immer

Ob man Käse wie in einigen Ländern üblich als Vorspeise reicht, mit Käse die Mahlzeit beschließt wie die Franzosen oder eine ganze Mahlzeit nur mit Käse gestaltet, bleibt jedem selbst überlassen.
Überlassen bleibt uns auch die Auswahl der Käsesorten aus dem großen Angebot. Diese Auswahl fällt manchmal wirklich schwer, denn überwältigend ist die Zahl der in- und ausländischen Käsesorten.
Da gibt es zarte und cremige Frischkäse-Sorten, einfache und herzhafte, solche mit ausgewogenem Geschmack und auch solche, deren kräftiger oder scharfer Geschmack dominiert.
Für Käseplatten wird man versuchen, aus allen Geschmacksrichtungen eine Käsesorte auszuwählen.
Mit dem Käse ist es so, wie mit Wurst- und Fleischerzeugnissen. Ein Teil ist zum alsbaldigen Verbrauch bestimmt; dazu gehören die verschiedensten Frischkäse-Zubereitungen. Andere Sorten sind einige Zeit haltbar. Voraussetzung ist die richtige Lagerung, und das heißt bei Käse kühl aber nicht zu trocken.
In den Kühlschrank gehört Käse nur zum längeren Aufbewahren, denn den besten Geschmack entfaltet Käse bei Zimmertemperatur. Gemeint sind damit keine Hochsommertemperaturen, sondern ca. 17° C.
Wird Käse im Kühlschrank aufbewahrt, dann sollte er für eine Käseplatte mindestens eine Stunde vor der Mahlzeit angerichtet werden, damit der Käse noch Zeit hat, das Aroma voll zu entfalten.
Der Geschmack von Käse wird durch roten und auch weißen Wein harmonisch abgerundet. Ob das wohl darauf zurückzuführen ist, daß sowohl Käse wie auch Wein in kühlen Kellergewölben zur Vollendung heranreifen?
Übrigens hält sich Käse im Stück natürlich besser als Schnittkäse, und frisch aufgeschnittener Käse schmeckt – trotz allen Fortschritts der Verpackungen – doch noch immer besser als fertig verpackter.

Daß Käse immer paßt, haben wir schon festgestellt . . ., aber je nach Anlaß und Stimmung wählt man zum Anrichten verschiedenes Geschirr. Auf der großen Silberplatte (Bild) sieht man in schönster Eintracht: Emmentaler, Gouda, französischen Camembert, holländischen Kemhem, englischen Chester, dänischen Danablu, Edamer und in Weinlaub eingewickelten Schafskäse. Weintrauben, Nüsse, Petersilie sind schmackhafter Schmuck.

Große Käseplatte

200 g Emmentaler, 200 g Gouda (mittelalt), 200 g dänischer Esrom (mit Pfeffer), 1 Camembert, 150 g Roquefort oder Edelpilzkäse, 200 g italienischen Hirtenkäse oder Pyrenäenkäse,
200 g Sahnequark (verrührt mit 3 EL feingehackten Kräutern),
1/2 KL Salz und 1 KL würzflüssige Zwiebel

Den in Scheiben geschnittenen Emmentaler, Gouda und Esrom treppenartig auf ein großes Holzbrett (eine ganze Baumscheibe) legen. Darauf den Camembert, Roquefort und Hirtenkäse – jeweils im Stück – legen.
Den mit den Zutaten verrührten Sahnequark in ein Schälchen füllen und mit auf die Platte stellen.

Diese Käseplatte reicht als Abschluß nach einer Mahlzeit für 10 Personen, als abendliche Käsemahlzeit für 4–6 (hungrige) Personen.

Gefüllter Edamer

1 ganzer Edamer (ca. 600 g), 1 kl. Ds. Mandarinenscheiben,
250 g blaue Weintrauben, 1 Bt. Mayonnaise, 4 EL Sahne,
1 Msp. Salz, 1 KL würzflüssigen Pfeffer, 1 Msp. Ingwerpulver,
einige Cocktailkirschen,
250 g Butter, 1 große Birne, 2 EL Preiselbeerkompott

Von der Edamerkugel das obere Viertel abschneiden. Die Käsekugel bis auf einen 1 cm dicken Rand aushöhlen. Den herausgeschnittenen Käse in feine Streifen schneiden.
Die Mandarinen auf einem Sieb abtropfen lassen. Die Hälfte der Weintrauben halbieren und entkernen, die übrigen zum Garnieren der Käseplatte verwenden.
Mayonnaise, Sahne und Gewürze verrühren, über den kleingeschnittenen Käse Mandarinen und Weintrauben geben und locker mischen. Den Käsesalat in den ausgehöhlten Edamer füllen und mit Cocktailkirschen garnieren. Auf die große Käseplatte setzen.
Aus der Butter Kugeln formen. Die Birne halbieren, das Kerngehäuse ausstechen und in die Höhlung das Preiselbeerkompott füllen.
Butterkugeln und die Birnenhälften ergänzen diese appetitliche Käseplatte hervorragend. Stangenweißbrot und Burgunder sollten nicht fehlen!

APPENZELLER
SWITZERLAND

Für jeden etwas...

Praktische Gebrauchsbücher stehen Ihnen, lieber Leser, mit Rat und Information zur Seite, wenn es darum geht, Fragen des täglichen Lebens zu beantworten.
Die hervorragende Sachkenntnis und die verständliche Sprache unserer Fachautoren sind ebenso selbstverständlich wie die sorgfältige Ausstattung unseres großen Buchprogramms.
Damit bietet Ihnen der Falken-Verlag Bücher zum Lesen und Nachschlagen, mit denen Sie Ihr Leben aktiv und erfolgreich gestalten können.

Trockenblumen und Gewürzsträuße
(Best.-Nr. 5084) DM 9,80

Kleingebäck
(Best.-Nr. 5089) DM 9,80

Phantasieblumen
(Best.-Nr. 5091) DM 9,80

Brotspezialitäten
(Best.-Nr. 5088) DM 9,80

Raffinierte Steaks
(Best.-Nr. 5043) DM 9,80

Schmuck und Objekte aus Metall und Email
(Best.-Nr. 5078) DM 16,80

Spanische Küche
(Best.-Nr. 5037) DM 9,80

Zugeschaut und mitgebaut 1 – 4
(Best.-Nr. 5031, 5061, 5077, 5093)
je DM 14,80

Kalte Happen und Partysnacks
(Best.-Nr. 5029) DM 9,80

Gemüse und Kräuter
(Best.-Nr. 5024) DM 9,80

Hobby Holzschnitzen
(Best.-Nr. 5101) DM 14,80

Kinder lernen spielend kochen
(Best.-Nr. 5096) DM 9,80

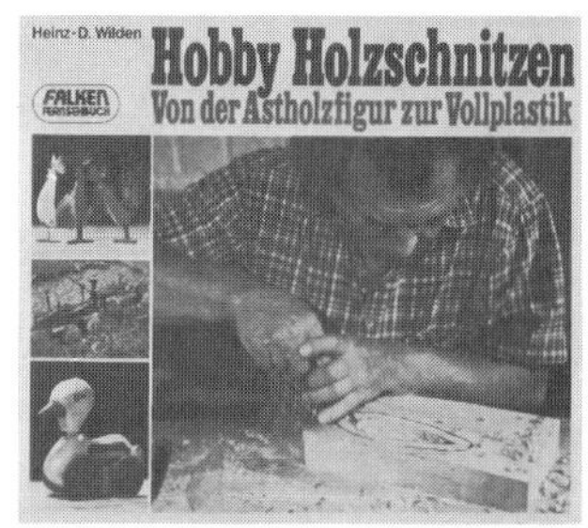

Das neue Hundebuch
(0009) Von W. Busack, überarbeitet von Dr. med. vet. A. Hacker, 104 S., zahlreiche Abb. auf Kunstdrucktafeln, kart., DM 6,80

Mietrecht
Leitfaden für Mieter und Vermieter
(0479) Von Johannes Beuthner, 196 S., kart., DM 12,80

Scheidung und Unterhalt
nach dem neuen Eherecht
(0403) Von Rechtsanwalt H.T. Drewes, 104 S., mit Karten und Unterhaltstab., kart., DM 7,80

Der neue Briefsteller
(0060) Von I. Wolter-Rosendorf, 112 S., kart., DM 5,80

Die erfolgreiche Bewerbung
(0173) Von W. Manekeller, 152 S., kart., DM 8,80

Verse fürs Poesiealbum
(0241) Von Irmgard Wolter, 96 S., 20 Abb., kart., DM 4,80

Knobeleien und Denksport
(2019) Von Klas Rechberger, 142 S., viele Zeichnungen, kart., DM 7,80

Heimwerker-Handbuch
Basteln und Bauen mit elektrischen Heimwerkzeugen
(0243) Von Bernd Käsch, 204 S., 229 Fotos und Zeichnungen, kart., DM 9,80

Großes Rätsel-ABC
(0246) Von H. Schiefelbein, 416 S., gbd. DM 16,80

Stricken, häkeln, loopen
(0205) Von Dr. Marianne Stradal, 96 S., 100 Abb., kart., DM 5,80

Tennis
Technik – Taktik – Regeln
(0375) Von Harald Elschenbroich, 112 S., 81 Abb., kart., DM 6,80

Wie soll es heißen?
(0211) Von Dr. Köhr, 88 S., kart., DM 5,80

Beliebte und neue
Kegelspiele
(0271) Von Georg Bocsai, 92 S., 62 Abb., kart., DM 4,80

Vorbereitung auf die Geburt
Schwangerschaftsgymnastik, Atmung, Rückbildungsgymnastik
(0251) Von Sabine Buchholz, 112 S., 98 Fotos, kart., DM 6,80

Spaß am Laufen
Jogging für die Gesundheit
(0470) Von Werner Sonntag, 120 S., 36 Abb., kart., DM 6,80

Glückwünsche, Toasts und Festreden zur Hochzeit
(0264) Von Irmgard Wolter, 88 S., kart., DM 4,80

Spielend Schach lernen
(2002) Von Theo Schuster, 128 S., kart., DM 6,80

Spiele für Kleinkinder
(2011) Von Dieter Kellermann, 80 S., kart., DM 5,80

Selbst tapezieren und streichen
(0289) Von Dieter Heitmann und Jürgen Geithmann, 116 S., 67 Abb., kart., DM 6,80

Von der Verlobung zur Goldenen Hochzeit
Vorbereitung – Festgestaltung – Glückwünsche
(0393) Von Elisabeth Ruge, 120 S., kart., DM 6,80

Bruce Lees Kampfstil 2
Selbstverteidigungs-Techniken
(0486) Von Bruce Lee, M. Uyehara, 128 S., 310 Fotos, kart., DM 9,80

Pilze
erkennen und benennen
(0380) Von J. Raithelhuber, 136 S., 106 Farbfotos, kart., DM 9,80

Falken-Handbuch Pilze
Mit über 250 Farbfotos und Rezepten
(4061) Von Martin Knoop, 276 S., 250 Farbfotos, 28 Zeichnungen, gbd. DM 36,–

Ziervögel
in Haus und Voliere
Arten · Verhalten · Pflege
(0377) Von Horst Bielfeld, 144 S.,
32 Farbfotos, kart., DM 9,80

Beeren und Waldfrüchte
erkennen und benennen –
eßbar oder giftig?
(0401) Von J. Raithelhuber, 136 S.,
90 Farbfotos, 40 s/w, kart., DM 16,80

Arzneikräuter und Wildgemüse
erkennen und benennen
(0459) Von J. Raithelhuber, 140 S.,
108 Farbfotos, kart., DM 12,80

Tee für Genießer
(0356) Von Marianne Nicolin, 64 S.,
4 Farbtafeln, kart., DM 5,80

Fred Metzlers
Witze mit Pfiff
(0368) 120 S., Taschenbuchformat,
kart., DM 5,80

Selbst Brotbacken
mit über 50 erprobten Rezepten
(0370) Von Jens Schiermann, 80 S.,
mit 6 Zeichnungen und 4 Farbtafeln,
kart., DM 6,80

Kalorien · Joule
Eiweiß · Fett · Kohlenhydrate
tabellarisch nach gebräuchlichen
Mengen
(0374) Von Marianne Bormio, 88 S.,
kart., DM 4,80

Zimmerpflanzen
(5010) Von Inge Manz, 64 S.,
98 Farbabb., Pbd. DM 9,80

Die 12 Sternzeichen
Charakter, Liebe und Schicksal
(0385) Von Georg Haddenbach,
160 S., gbd., DM 9,80

Möbel aufarbeiten, reparieren und pflegen
(0386) Von E. Schnaus-Lorey,
96 S., 104 Fotos und Zeichnungen,
kart., DM 6,80

Selbst Wahrsagen mit Karten
Die Zukunft in Liebe, Beruf und
Finanzen
(0404) Von Rhena Koch, 112 S.,
viele Abb., Pbd., DM 9,80

Einkochen
nach allen Regeln der Kunst
(0405) Von Birgit Müller, 96 S.,
8 Farbtafeln, kart., DM 6,80

Die besten
Tierwitze
(0496) Herausgegeben von
Peter Hartlaub und Silvia Pappe,
112 S., 25 Zeichnungen, kart., DM 5,80

Tauchen
Grundlagen – Training – Praxis
(0267) Von W. Freihen, 144 S.,
71 Fotos und Farbtafeln, kart., DM 9,80

Moderne Schmalfilmpraxis
Ausrüstungen · Drehbuch · Aufnahme
Schnitt · Vertonung
(4043) Von Uwe Ney, 328 S., mit über
200 Abb., teils vierfarbig,
gbd., DM 29,80

Windsurfing
Handbuch für Grundstein und Praxis
(5028) Von Calle Schmidt, 64 S.,
über 50 Abb., durchgehend vierfarbig,
Pbd., DM 9,80

Reiten
Vom ersten Schritt zum Reiterglück
(5033) Von Herta F. Kraupa-Tuskany,
64 S., mit vielen Zeichnungen und
Farbabb., Pbd., DM 9,80

Die Selbermachers
renovieren ihre Wohnung
(5013) Von Wilfried Köhnemann,
148 S., 374 Farbabb., Zeichnungen
und Fotos, kart., DM 14,80

Bauernmalerei
leicht gemacht
(5039) Von Senta Ramos, 64 S.,
78 vierfarbige Abb., Pbd., DM 9,80

Großes Getränkebuch
Wein · Sekt · Bier und Spirituosen
aus aller Welt, pur und gemixt
(4039) Von Claus Arius, 288 S.,
mit Register, 179 teils großformatige
Farbfotos, Schuber, gbd., DM 58,–

Die besten
Ostfriesenwitze
(0495) Herausgegeben von
Onno Freese, 112 S., 17 Zeichnungen,
kart., DM 5,80

Moderne Fotopraxis
Bildgestaltung · Aufnahmepraxis ·
Kameratechnik · Fotolexikon
(4030) Von Wolfgang Freihen, 304 S.,
mit 244 Abb., davon 50 vierfarbig,
Balacron mit vierfarbigem Schutzumschlag, abwaschbare Polyleinprägung, DM 29,80

Falken-Handbuch spielen
drinnen und draußen, für jung und alt
(4034) Von Heinz Görz, 430 S.,
mit 370 farbigen Zeichnungen,
gbd., DM 36,–

CB-Code
Wörterbuch und Technik
(0435) Von Richard Kerler, 120 S.,
mit technischen Abb., kart., DM 7,80

Münzen
Ein Brevier für Sammler
(0353) Von Erhard Dehnke, 128 S.,
30 Abb. – teils farbig –, kart., DM 9,80

Naive Malerei
leicht gemacht
(5083) Von Felizitas Krettek,
64 S., 76 Farbfotos, Pbd., DM 9,80

Balkons in Blütenpracht
zu allen Jahreszeiten
(5047) Von Nikolaus Uhl, 64 S.,
82 vierfarbige Abb., Pbd., DM 9,80

Grillen
drinnen und draußen
(4047) Von Claus Arius, 152 S.,
30 Farbtafeln in flexiblen Karton,
gbd., DM 12,80

Moderne Korrespondenz
(4014) Von H. Kirst und W. Manekeller,
570 S., gbd., DM 39,–

Die hier vorgestellten Bücher sind nur eine Auswahl aus unserem großen Ratgeber- und Sachbuchprogramm.
Bitte fordern Sie unser kostenloses Gesamtverzeichnis an.

Falken-Verlag GmbH · Postfach 1120
D-6272 Niedernhausen/Ts.

Die Frau als Hausärztin
(4072) Von Dr. med. Anna Fischer-Dückelmann, 808 S., 16 Farbtafeln,
174 Fotos, 238 Zeichnungen, DM 58,–

Kalte Platten
(4064) Von Maître Pierre Pfister,
240 S., 135 großformatige Fotos,
gbd., DM 48,–

Judo
Grundlagen-Methodik
(0305) Von Mahito Ohgo, 204 S.,
mit 1025 Fotos, kart., DM 14,80

Sportfischen
Fische – Geräte – Technik
(0324) Von Helmut Oppel, 144 S.,
mit 49 Fotos, Abb., und 8 Farbtafeln,
kart., DM 9,80

Katzen
Rassen · Haltung · Pflege
(4216) Von Brigitte Eilert-Overbeck,
96 S., 82 großformatige Fotos,
Pbd., DM 19,80

Das Aquarium
Einrichtung, Pflege und Fische für Süß- und Meerwasser
(4029) Von Hans J. Mayland, 334 S.,
mit über 415 Farbabb. und Farbtafeln
sowie 150 Zeichnungen und Skizzen,
gbd., DM 36,–

Hunde-Ausbildung
Verhalten – Gehorsam – Abrichtung
(0346) Von Prof. Dr. R. Menzel,
96 S., 18 Fotos, kart., DM 7,80

Faszinierende Formen und Farben
Kakteen
(4211) Von Katharina und Franz Schild,
96 S., 127 großformatige Farbfotos,
Pbd., DM 19,80

Astrologie
Charakterkunde – Schicksal, Liebe und Beruf – Berechnung und Deutung von Horoskopen-Aszendenttabelle
(4068) Von B. A. Mertz, mit einem Geleitwort von Hildegard Knef, 342 S.,
mit erläuternden Grafiken,
gbd., DM 29,80

Das farbige Kinderlexikon
von A–Z
(4059) Herausgegeben von
Felicitas Buttig, 392 S., 386 farbige
Abb., Pbd., DM 29,80